Zu diesem Buch

Die Autorin von «Sexus und Herrschaft», einem Klassiker der Frauenbewegung, beschäftigt sich hier mit der Prostitution, einem Aspekt der Sexualität, der nach ihrer Auffassung besonders deutlich macht, daß sexuelle Beziehungen weniger etwas mit Liebe zu tun haben als mit Macht. Was die Prostituierte verkauft, ist nicht Sex, sondern die totale Verfügbarkeit; der Freier kauft nicht Sex, sondern die Macht über einen anderen Menschen.

Kate Milletts Texte kommentieren die Bekenntnisse von drei Prostituierten in New York.

Kate Millett, 1934 in Saint Paul, Minnesota, geboren, studierte in Oxford und an der Columbia University. Heute lebt sie in New York.

Als rororo sind von der Autorin weitere Titel lieferbar:
«Sita» (rororo 4597)
«Im Iran» (rororo 5062)
«Fliegen (Flying)» (rororo 5156)
«Im Basement» (rororo 5162)

Kate Millett

Das verkaufte Geschlecht

Die Frau zwischen Gesellschaft und Prostitution

Mit einem Vorwort von Alice Schwarzer

rororo

Rowohlt

Der amerikanische Originaltext
«Prostitution: A Quartet for Female Voices»
erschien in «Women in Sexist Society»
bei Basic Books, Inc. Publishers, New York
Aus dem Amerikanischen von Herbert Schlüter
Kate Milletts Arbeitstext von 1976
wurde von Erica Fischer übersetzt nach der
Ballantine Books-Ausgabe, New York, 1976
Umschlagentwurf Werner Rebhuhn
(Foto: André Gelpke / VISUM)

Veröffentlicht im Rowohlt Taschenbuch Verlag GmbH,
Reinbek bei Hamburg, Dezember 1983
«Prostitution: A Quartet for Female Voices»

Gesamtherstellung Clausen & Bosse, Leck
Printed in Germany
680-ISBN 3 499 17800 1

Vorwort zur Neuauflage von 1981
von Alice Schwarzer

In Wien fordern Prostituierte eine gesetzliche Sozialversicherung und selbstverwaltete Häuser. In Amsterdam wehren sie sich gegen geplante Eros-Center auf holländisch: Bordellschiffe, auf die sie abgeschoben werden sollen. In Paris verteilen sie auf dem Strich Flugblätter zu den Wahlen (»Auch wir haben ein Wahlrecht!«) und gründen einen Verein zur »Aktion und Verteidigung von Prostituierten«. In Genf werden sie vorstellig bei der UNO und fordern die Einlösung der auch ihnen, zumindest auf dem Papier, zugestandenen Menschenrechte. In London und New York sind sie seit Jahren militant: Engländerinnen erzwangen im Parlament eine Verbesserung des Prostituiertengesetzes mit der Drohung, ihre Kundenliste (auf der so mancher Parlamentarier figurierte) zu veröffentlichen. Und die Frauen der Prostituierten-Selbstorganisation Coyote sagen offen: Ohne die Unterstützung der Feministinnen wären wir nicht so weit gekommen.

Nur hier, in der Bundesrepublik, scheint Ruhe zu herrschen. Noch. Die Ruhe vor dem Sturm. Denn so wie Anfang der 70er Jahre die gesamte neue Frauenbewegung in der Bundesrepublik verspätet, zögernder und zäher begann, als in den westlichen Nachbarländern, so beginnt auch der direkte Angriff auf die Prostitution hier später, aber unaufhaltsam. Denn die Prostituierte ist eine Schlüsselfigur dessen, was so abwiegelnd »Frauenfrage« genannt wird; und der Kampf *gegen* die Prostitution – der nur auf den ersten Blick paradoxerweise gleichzeitig ein Kampf *für* die Prostituierten ist – ist Hauptschlachtfeld des Frauenkampfes.

In den vergangenen Monaten mehrten sich auch hierzulande die Frauentexte zu dem Thema. Prostituierte gingen in die Offensive: Sie zeigten, wie in Bochum, brutale Zuhälter an; sie protestierten, wie in München, gegen ihre Vertreibung vom Straßenstrich. Erste Begegnungen zwischen Prostituierten und aktiven Feministinnen zeitigten Früchte: so entstand in Berlin der Treffpunkt »Café Hydra« (»unabhängig, parteiisch, unmoralisch«) und in Hamburg das nach den Prinzipien der »Häuser für geschlagene Frauen« organisierte autonome Prostituiertenhaus »Arche«. Langsam aber stetig rücken die Zeichen auf Sturm...

Sexualität. Spiegel und Instrument der Unterdrückung von Frauen. Hier sind Erniedrigung, Scham und Unterwerfung von Frauen verankert. Dies ist das Fundament männlicher Macht und weiblicher Ohnmacht. – *Prostitution.* Zerrspiegel und Endprodukt einer Sexualität, in der es nicht um Liebe geht, sondern um Macht.

Wir Frauen sind vom Patriarchat mit vielen Spaltungsmanövern auseinandergetrieben und aufeinandergehetzt worden. Die Schönen gegen die Häßlichen, die Alten gegen die Jungen, die Mütter gegen die Nicht-Mütter, die Berufstätigen gegen die Hausfrauen. Und: die Prostituierten gegen die Nicht-Prostituierten. Darum ist schon der Beginn eines Gesprächs zwischen Frauen, die von der gewerbsmäßigen Prostitution leben, und solchen, die dies nicht tun, ein unerhörter Schritt.

Kate Millett tut mit diesem Buch diesen Schritt. Die Art, wie sie ihn tut, ist eine radikale Absage an dieses Spaltungsmanöver. Sie ist Gleiche, hat eine von vier Stimmen, spricht von der eigenen Prostitution und – ihrem Wunsch nach Schwesterlichkeit mit den Frauen, die dieses Stigma der Prostitution, das heimlich auch das ihre, das unsere, ist, offen tragen.

Zu Beginn der Frauenbewegung pflegten wir (noch ganz im marxistischen Geiste Engels) zu räsonnieren: die Prostitution ist die Kehrseite der Monogamie. Heute können wir es genauer sagen: Zwar sind Prostitution wie Monogamie Ausdruck der Doppelmoral und der Ideologie von der Frau als Ware – die eine kauft man für eine Nacht, die andere für ein Leben; die eine für ein paar Scheine, die andere für den Unterhalt und die soziale (Schein)Sicherheit. Doch: Männer gehen eben *nicht* zu Prostituierten, weil »ihre« Frau nicht will und/oder sie keine andere Frau kriegen können. Männer gehen zu Prostituierten, weil sie bei ihnen etwas suchen, was sie bei der Nicht-Prostituierten in dieser Konzentration nicht bekommen: die totale Verfügbarkeit und das totale Gefühl der Macht.

»Das, was sie kaufen, ist, wenn man so will, Macht«, sagt die Ex-Prostituierte J. im Gespräch zu Kate Millett. »Sie können uns sagen, was wir zu tun haben, und von uns wird erwartet, daß wir ihnen angenehm sind und ihren Befehlen folgen. Selbst wenn man es mit einem Masochisten zu tun hat, der selbst am Gehorchen Lust findet, gehorchen wir *seinem* Befehl, ihm Befehle zu geben. Wenn sie zum Beispiel damit anfangen, ihre Meinung über die ›Nigger‹ zu sagen, dann kann man nur ›Oh ja‹ sagen und ihnen recht geben. Das ist es, was ich einfach nicht ertrug, solche Dinge. Da hatte ich wirklich das Gefühl, ihnen den Arsch zu lecken – mehr, als wenn ich es in Wirklichkeit tat. Das ist das Erniedrigendste: ihnen immer recht geben zu müssen.« Für J. ist darum »das Schlimmste« an der Prostitution, »daß man nicht nur Sex verkauft, sondern auch seine Menschlichkeit. Man verkauft seine Menschenwürde. Nicht so sehr im Bett, als mehr dadurch, daß man den Handel abschließt, daß man sich kaufen läßt.«

Die darauf folgende Analyse Kate Milletts gipfelt konsequent in der Aussage: »Ich sehe in der Prostitution so etwas wie ein Paradigma: ein Exempel für die soziale Situation der Frau, wie sie im Grunde besteht. Hier wird nicht nur ihre Abhängigkeit offenbar, verknüpft mit den finanziellen Beziehungen zwischen den Geschlechtern, in Ziffern und Zahlen fixiert, statt versteckt hinter Paragraphen eines Heiratsvertrags. Mehr noch wird durch den bloßen Akt der Prostitution unser Wert deklariert: als Wert einer Sache. Was die Prostituierte in Wahrheit verkauft, ist nicht Sex, sondern ihre Entwürdigung. Und der Käufer, der Kunde, kauft nicht Sexualität, sondern Macht: die Macht über einen anderen Menschen.«

Im Bereich der psychischen Auswirkung der Unterwerfung von Frauen, ihrer Verinnerlichung von Erniedrigung und ihrer Selbstverstümmlung ist die Radikalfeministin Kate Millett ohne Zweifel eine der klarsichtigsten Autorinnen überhaupt. Gehetzt von theoretischer Erkenntnis und eigener Betroffenheit umkreist sie diesen Sumpf *in* uns. *Basement,* ihr bisher gewagtester Wurf, kündigt sich, unübersehbar, hier im *Verkauften Geschlecht* an, wenn sie schreibt: »Es wird viel Unsinn über den Masochismus der Frau erzählt. Die Männer im allgemeinen und die Psychoanalytiker im besonderen behaupten, er sei der Frau angeboren. Man kann darin eine Zwecklüge sehen, eine ›Rationalisierung‹, da man ja weiß, daß jede an einer Frau begangene Grausamkeit sich auf diese Weise rechtfertigen läßt (...) Wenn uns ein so selbstzerstörerisches Verhalten aufgezwungen worden ist, dann, weil unsere Gesellschaft es darauf angelegt hat, etwas in ihren Frauen zu zerstören: ihr Ich, ihre Selbstachtung, ihre Hoffnung, ihren Optimismus, ihre Phantasie, ihr Selbstvertrauen, ihren Willen. ›Masochismus‹ ist in einer solchen Gruppe nur der Anpassungsreflex jeder unterdrückten Gruppe, die überleben will. Denn wenn die Mitglieder einer solchen Gruppe nicht an ihrer eigenen Unterdrückung mitarbeiten, indem sie den Haß und die Verachtung ihrer Unterdrücker gleichsam übernehmen, würde ihre Insubordination zutage treten, und sie würden bestraft werden und vielleicht sterben müssen.« Darum ist der Griff nach der Menschenwürde – die *allen* Frauen vorenthalten wird, nicht nur, aber eben doch *vor allem* auch den Prostituierten! – ebenso revolutionär wie untrennbar vom Griff nach dem Geld, nach ökonomischer Autonomie oder gar Macht. Es ist nicht erst eine Erkenntnis der revolutionären Befreiungsbewegungen dieses Jahrhunderts, daß es bei der Unterdrückung von Menschen nicht nur um direkten materiellen Nutzen, sondern um Macht im weitesten Sinne geht. Erniedrigung und Ausbeutung bedingen sich gegenseitig.

Und genau darum haben zum Beispiel die Titelbilder im *Stern* (& Compagnon) sehr viel mit Leichtlohngruppen und Gratisarbeit von Frauen zu tun: Wen man verachtet, den kann man auch getrost ausbeuten.

Uns Radikalfeministinnen ist das klar. Seit wir angetreten sind, kämpfen wir nicht nur für Brot, sondern auch für Rosen – Symbole materieller *und* psychischer Autonomie. Prostituierte kriegen Brot, aber keine Rosen.

Wir Frauen und Männer der Konsumgesellschaft verhungern nicht mehr. Wir haben zwar noch gegen viel krasses soziales Unrecht zu kämpfen, aber nicht selten kaschiert mehr Geld nur die Entfremdung und Würdelosigkeit der Natur der zu leistenden Arbeit. Das ist bei der Prostitution nicht anders als bei den beschwichtigenden Top-Löhnen in der Werbung oder dem abwiegelnd geplanten Taschengeld für Hausfrauen. Kleiner Unterschied zwischen Männern und Frauen: Männer kassieren mehr, und wenn

Frauen wirklich mal was verdienen, kassieren die Männer es meist gleich wieder ab. So in der Prostitution, wo der Löwenanteil des von Frauen verdienten Geldes in die Hände der Zuhälter, Barbesitzer und des Staates fließt!
Ein paar Beispiele aus den militanten Arbeitskämpfen zu Beginn der 70er Jahre in Frankreich, wo der harte Kern der Revolte immer die Frage nach der Menschenwürde und nicht die nach der Lohnerhöhung war (es auf letzteres zu reduzieren, war der meist erbärmliche Part der Gewerkschaften). Für das Recht, auch als Fließbandarbeiter/in aufs Klo gehen zu können, wenn einem danach zumute ist, und für die Senkung der unmenschlich durchkalkulierten Arbeitstakte sperrten normannische Arbeiter/innen ihren Chef als Faustpfand der Verhandlung im eigenen Büro ein. Aus Protest gegen den Lächel-Zwang-für-Kunden, das Sich-Antatschenlassen-Müssen-vom-Abteilungsleiter, das Steh-Diktat beim Verkauf, besetzten Verkäuferinnen in Thionville ihr eigenes Kaufhaus. Erst später, nachdem sich die Gewerkschaft in den zunächst »wilden« Streik eingemischt hatte, wurde aus dem Verkäuferinnen-Aufstand eine griffige So-und-so-viele-Centimes-mehr-in-der-Stunde-Forderung. Dabei ging es ursprünglich um soviel mehr: Um Schikane und Erniedrigung, um materielle und psychische Ausbeutung, um Macht und Menschenwürde.
Um so erstaunlicher ist es, daß neuerdings aus frauenbewegten Kreisen Texte auftauchen, die all diese doch längst errungenen Erkenntnisse vernachlässigen und die Frauenfrage auf die Geldfrage reduzieren – und damit zurückfallen auf eine längst überwunden geglaubte platt-materialistische Ebene, die die sozialen und psychologischen Dimensionen von Abhängigkeit und Herrschaft nicht erfaßt.

Sicher, es stimmt: immerhin bekommt die Prostituierte Geld für das, was so manche Ehefrau/Freundin ebenso wider Willen, aber dennoch umsonst tut. Sicher, es stimmt: gerade Frauen können Geld nur allzugut gebrauchen. Doch was ist der Preis für die Prostitution? Und wer bekommt letztendlich dies von Frauen angeschaffte Geld?

»Prostitution ist eine Art Sucht. Es ist die Sucht nach Geld.« sagt J. »Alle sind wegen des Geldes Prostituierte geworden. Bei den meisten Call-Girls in Uptown handelt es sich nicht um die Wahl zwischen Leben und langsamem Hungertod, sondern zwischen 5 000 und 25 000 Dollar im Jahr, oder zwischen 10 000 und 50 000 Dollar. Das ist ein ganz hübscher Unterschied.« Und darum, so J.: »Wenn ich an die Zeit der Prostitution zurückdenke, geschieht es in einem großen Zwiespalt. Es ist nicht alles negativ.« Und: »Lieber wäre ich Prostituierte als verheiratete Frau, die an einen Mann gebunden ist, den sie nicht ertragen kann.«

Nur – maximal jede zehnte Prostituierte ist heute eine »freie« Prostituierte, ist zumindest frei von der »privaten« Unterdrückung, hat keinen Zuhälter der abkassiert und auf ihre Kosten lebt. Die meisten Prostituierten können das Geld, das sie verdienen, nicht für sich nutzen, sie enden im Elend, so wie das durch die Profumo-Affäre einst berühmt gewordene Call-Girl Christine Keeler: sie war schon mit 36 Jahren am Ende, war Sozialhilfeempfängerin.

Der Preis, den die Prostituierte zahlt, ist ein Preis, den Frauen – in den unterschiedlichsten Varianten – auch in anderen Bereichen zahlen: die soziale Ächtung, den Selbsthaß, die Entfremdung. »Ich habe als Prostituierte bei weitem nicht so oft geweint wie als Studentin. Es gibt da einen gewissen Unterschied. Als Prostituierte war ich irgendwie nicht ich selbst«, sagt J. »Ich empfand es nicht so stark. Man fühlt sich einfach nicht in dieser Weise gedemütigt. Vielleicht weil man als Prostituierte schon so tief unten ist, daß man nicht mehr sehr gedemütigt werden kann.«

Kate Millett kennt auch »die anderen Arten der Prostitution«, die an der Universität zum Beispiel: »Die Kriecherei vor den Departmentchefs, in den Fakultätssitzungen.« Aber: »Ich weiß auch, was J. die Jahre der sexuellen Prostitution gekostet haben. Ich kann es an ihren Augen sehen, wenn das Blau der Iris tot wie Glas ist.« Es kann uns Frauen heute also nicht um eine Mystifizierung der Prostitution gehen. So wenig, wie um eine Mystifizierung des Hausfrauendaseins oder der Karriere, der Mutterschaft oder der Homosexualität. Es kann uns nur um die genaue Erkenntnis gehen: was erreichen wir dabei und was verlieren wir? Jede muß dabei den Platz einnehmen, den sie einnehmen kann und will. Eine moralische Verurteilung der Wahl einer jeden Frau scheint mir ebenso falsch wie die ideologische Verschleierung des Preises, den sie dabei zahlt.

Der Kampf *mit* den Prostituierten muß darum für eine Radikalfeministin immer gleichzeitig der Kampf *gegen* die Prostitution sein! So wie der Kampf mit den Hausfrauen der gegen die Gratisarbeit von Frauen ist, oder der mit den Fließbandarbeiterinnen der gegen das Fließband.

Wenn wir Frauen das Recht auf Menschenwürde fordern, dann dürfen wir nicht nur *überleben,* sondern wir müssen *leben* wollen. Leben mit erhobenen Kopfe. »Es ist weder ein romantischer noch ein frömmelnder Unsinn, wenn ich in der Prostitution ein Verbrechen gegen die Menschlichkeit sehe«, sagt Kate Millett. Und die Verbrecher, das sind nicht wir, die sich Prostituierenden (für Geld oder für »Liebe«, direkt oder indirekt). Die Verbrecher, das sind die, die es wagen zu glauben, man könne die Seele eines Menschen und seinen Körper wirklich kaufen.

Alice Schwarzer, im März 1981

Kate Milletts Arbeitstexte zu *Das verkaufte Geschlecht* 1971 – 1972/73 – 1976

1976

Vier Jahre sind vergangen, seit ich das Datum unter meine erste Einleitung zu *Das verkaufte Geschlecht* setzte; drei Jahre seit meinen Nachwort. Und fast sechs Jahre sind vergangen, seit wir damals in jenem hektischen Sommer 1970 die ersten Tonbänder zu diesem Buch aufnahmen, damals, als die Prostituierten M und J die ganze Nacht aufblieben und ihr Leben vor mir ausbreiteten, während der Kaffee überkochte, das Tonbandgerät stehenblieb oder sich das Tonband verhedderte. Manches von dem, was sie erzählten, blieb sogar auf der Strecke. Ich konnte nicht alles aufnehmen, denn es gibt Zeiten, da ist das Leben wichtiger als die Aufzeichnung des Lebens, da überschattet die menschliche Erfahrung alle Ziele: ob nun literarische oder politische.

Heute noch läuft mir ein Schauer über den Rücken, wenn ich an jene Sommernächte denke. Die Stadt hatte mein altes Atelier in der Bowery abgerissen, da sie in ihrem unerforschlichen Ratschluß der Meinung war, daß ein Haus aus dem Jahre 1806, eines der ältesten Wohnhäuser von New York City, wegen eines Sprungs in der Mauer keine Daseinsberechtigung haben dürfe. Jedes einzelne Gebäude von Florenz muß einen Sprung in der Mauer haben, und so verlieren wir unsere Städte; so verlieren wir Amerika. Macht nichts. Ich bekam eine neue Mansardenwohnung einige Häuser weiter unten und mußte nie meine alte Wohngegend verlassen.

CBS ruft nicht mehr zweimal täglich an, wie damals in jenem Sommer, als *Sexus und Herrschaft* ein Komet war, den die Medien über den Himmel breiteten. Der Feminismus ist kein heißes Thema mehr, eine Pressesensation, er ist Teil unseres Lebens. Hat sich eingefügt in das kollektive Bewußtsein, ist ein anerkannter Bestandteil unserer sozialen, politischen und geistigen Umwelt, ein nicht mehr wegzudenkender Aspekt im Leben unserer Zeit – alles äußerst günstige Umstände. Und mein eigenes Leben gehört wieder mir, ich habe die Gefahr überlebt, entweder von den Medien oder der Politik erstickt zu werden. Die Bewegung ist größer geworden, sowohl an Zahl als auch an Toleranz und Spielraum, den eine Frau braucht, um in ihr zu leben und zu schreiben, genauso wie sie mir am Anfang die Kraft gab, überhaupt zu schreiben.

Aber die Sommernächte des Jahres 1970 waren wilde und schreckliche Ereignisse. Wenn ich mich heute daran zurückerinnere, erscheint mir die Gegenwart fast ausgeglichen, und ich empfinde ein beunruhigendes Gefühl von »Reife«. Ich glaube, daß das nicht nur daran liegt, daß ich jung, naiv und in meiner Unwissenheit, was in der Welt vor sich ging, fast dumm war, bis jene Nächte über mich hereinbrachen, sondern daß sie mich tatsächlich zum »Eigentlichen« führten – dazu, was ich in den letzten paar Jahren als die wahre Lage der Frau erkannt habe: Unsere physische Versklavung; d. h. die Falle der Prostitution, die Fesselung durch Vergewaltigung, die Gefangenschaft durch Schläge und häusliche Gewalt. Diese drei bilden die Fundamente unserer Unterdrückung; sie sind häßlich und peinlich, sie schockieren die männliche Empfindsamkeit mehr als alles andere, sie sind der schlimmste Vorwurf gegen die männliche Vorherrschaft, die schädlichste Anklage gegen Jahrhunderte patriarchalischen Systems. In Amerika haben wir uns lange Zeit gelassen, die Sache der mißhandelten und geschlagenen Ehefrau aufzugreifen; die Engländerinnen sind uns voraus. Zur Vergewaltigung beginnen wir uns erst jetzt zu organisieren, und unsere Notrufe und Beratungsstellen für vergewaltigte Frauen sind großteils defensiv und treten erst nach vollbrachter Tat in Aktion; noch stehen die vorbeugenden Maßnahmen aus. Auch bei der Prostitution haben wir nur langsame und schwerfällige Fortschritte gemacht. Kein Wunder.

Wenn mißhandelte Frauen im Fernsehen »erscheinen«, erscheinen sie nicht wirklich: Ihre Gesichter sind von der Kamera abgewandt oder ihre Augen werden wie mit Masken von schwarzen Balken verdeckt. Sie sind Opfer, . . . die sich fürchten, ihre Gesichter zu zeigen. Ironie der Ironie, daß die Mißbrauchten sich für die Gewalt, die ihnen angetan wird, auch noch schämen müssen. »Er« könnte wieder auftauchen, sich neuerlich an ihr vergreifen. Und da gibt es die Kinder. Die Verwandten. Die Nachbarn. Genauso ist es bei der Vergewaltigung. Die wenigen Frauen, die Anzeige erstatten, werden bei Gericht gekreuzigt. Hier befinden wir uns einen langen und schrecklichen Weg weit weg vom Vorwurf der »Diskriminierung«, mit dem wir auszogen, dem zehrenden Unrecht gesellschaftlicher Minderwertigkeit, der Gemeinheit ungleicher Löhne.

Beim Lesen meiner früheren Einleitung entdecke ich zu meiner Überraschung, daß die ersten Seiten ein kleiner Essay über Stilistik sind. Die ersten Zeilen des ursprünglichen Vorworts sind ähnlich: »Meines Erachtens ist es für sich emanzipierende Bevölkerungsteile schwer, eine ihnen gemäße literarische Form zu finden . . . Ich wünsche mir, daß die Frauen in künstlerischen Berufen dank der neuen Bewegung mehr Vertrauen in den Wert ihrer Kultur gewinnen (in dem Sinne, daß die Frauen eine Klasse mit ei-

gener Subkultur bilden), mehr Achtung vor der eigenen Erfahrung und zugleich die Freiheit und Spontaneität, dies auf neue Weise und in neuen Formen auszudrücken.«
Komisch, dachte ich mir zuerst – Wozu dieser Abstecher in die Literaturkritik? Was hat das mit Prostitution zu tun? Als ich weiterlas, erinnerte ich mich natürlich: Wie *Das verkaufte Geschlecht* meinen Wendepunkt bezeichnete – das Bindeglied, das mir den Übergang von der akademischen Dissertationsprosa von *Sexus und Herrschaft* zur Freiheit von *Flying* ermöglichte. Es ist aber noch mehr als das: Form und Inhalt sind in hohem Maße untrennbar. Und ebenso wie der Kontakt mit M und J und ihrer Welt, mit ihren Erfahrungen, für mich ein radikalisierendes Erlebnis von ungeheurer Sprengkraft bedeutete, leitete der Kontakt mit ihrer Redeweise und mit dem gesprochenen Englisch (oder vielmehr Amerikanisch) bei mir auch eine völlig neue Einstellung zum Schreiben ein.
Meine frühere Einleitung verbindet *Das verkaufte Geschlecht* mit *Sexus und Herrschaft, Three Lives* und meinem Austritt aus der akademischen Welt, um eine freischwebende Organisatorin und Agitatorin zu werden. Wenn ich es mir jetzt überlege, sehe ich, wie diese Einleitung als eine Art privater Schallmuschel wirkte, als eine erweiterte Auslotung der Entwicklung meines literarischen und politischen Stils, ein Stück Selbstbetrachtung oder Selbstkritik, die ich mir früher nie zugestanden hätte. Was die erste von der zweiten Einleitung unterscheidet, ist nicht nur die Tatsache, daß der erste Verlag die Auflage auslaufen ließ und die Rechte an mich zurückgab, so daß ich das Vergnügen hatte, sie an Ballantine weiterzugeben, und das Buch nun zu einer Zeit wieder im Umlauf ist, wo es sehr gebraucht wird, heute vielleicht mehr als damals – was diese beiden Momente wirklich voneinander unter-

scheidet, ist *Flying*. Ich erwähne *Flying* in der ersten Einleitung nicht, obwohl es damals schon geschrieben war, obwohl ich schon zwei Jahre damit zugebracht hatte, es durchzuackern und glattzuschleifen. Natürlich war es noch nicht in Druck. Aber der Grund, warum ich es nicht erwähnte, war, daß ich felsenfest davon überzeugt war, daß es nie in Druck gehen würde. Der Verleger, der mit mir den Vertrag abschloß, warf einen langen entsetzten Blick auf die erotischen Szenen zwischen Frauen und lehnte ab. *Flying* stand auf der schwarzen Liste. Als es endlich doch das Licht des Drucks erlebte, löste es erstaunliche Schimpfkannonaden, Vorwürfe und Bannflüche aus. Es war ein empörendes Buch; und dennoch war ich verwirrt über das Ausmaß der Empörung, dem kulturpolizeilichen Aspekt der Besprechungen, dem rückständigen Vorwurf der Pornographie, der sogar von *Ms. Magazine* kam. *Flying* schoß übers Ziel, machte mich zu einer Aussätzigen. Wie angenehm.

Aber alles begann mit *Das verkaufte Geschlecht*. Hätte ich es nicht geschrieben, hätte ich meinen Platz unter den anständigen und gesicherten Akademikern einnehmen können, wäre ich bei Banketten im Alter gefeiert worden, wäre eine »Expertin« geworden, hätte mich sogar im Mittelwesten halten können, wäre weiterhin der Liebling der *Talk Shows* geblieben und hätte mich um ein politisches Amt oder eine Professur bewerben können. Ich hätte achtbar werden können. Die langen Nächte mit einer schwarzen Heroinsüchtigen und einem weißen Call Girl haben das verändert. Und haben aus mir eine Schriftstellerin gemacht. Das, und der Prozeß des *Zuhörens*, der mir am Ende eine fast religiöse Hochachtung vor dem Wert des gesprochenen Amerikanisch vermittelte. Das alles kam von der Notwendigkeit, *zuhören* zu müssen (dieses

eine Mal ohne das drängende Bedürfnis, selbst zu reden, zu unterbrechen, mich zu vermitteln – wie wir es in der Linken nie schaffen, jemandem zuzuhören –, sondern wirklich die Ohren spitzen und zuhören). Diese beiden Frauen, M und J, wußten sehr wohl, wo es lang ging, wußten genau, worüber sie redeten, hatten es erfahren; und ich nicht – und jetzt, mitten in der Nacht, waren sie dabei, alle ihre Barrieren abzustreifen und es mir endlich zu *sagen.* Wenn ich lernen konnte, den Mund zu halten. Also hielt ich den Mund.
Meine Bewunderung für das, was sie sagten, wurde allmählich zu einer Bewunderung für die Art, *wie* sie es sagten – als ich es aufnahm, als ich es mir hunderte Male vorspielte, es transkribierte, es las und redigierte und es nochmals las und nochmals redigierte. Trotz meiner anfänglichen Enttäuschung, als das, was *im gesprochenen Wort* so beredt, so aufwühlend geklungen hatte, *maschinengeschrieben* weitaus weniger eindrucksvoll wirkte – voll von Pausen, »ähs«, unvollendeten Sätzen und Wiederholungen (wie das gesprochene Wort eben ist, wenn es unbehauen transkribiert wird) – so war die grundlegende Aussagekraft auch auf dem Papier noch immer greifbar. Die Kraft, mit der Leute reden, die gut reden, aus den Wurzeln ihres Wesens heraus, die die Wahrheit sagen und von ihren eigenen Worten berührt sind. Ihre Rede *lebt* beim Sprechen. Die größte Leistung gewisser Schriftsteller – als erster fällt mir Henry Miller ein – besteht darin, zu lernen, so zu schreiben, wie sie reden. So war es für mich. Also kam ich über *Das verkaufte Geschlecht* bei *Flying* an. Der Übergang von der akademischen Analyse in *Sexus und Herrschaft* zur Aufzeichnung des Lebens in echter Sprache in *Flying* ist bezeichnend. Daß er über *Das verkaufte Geschlecht* erfolgte, ist ebenso bezeichnend. Weil

es ein Prozeß war, eine Evolution, in denen ich nicht alleine war.
Wir begannen an einem Ort und kamen an einem anderen an. Wir begannen mit analytischen Büchern, wie *Der Weiblichkeitswahn* oder *Sexus und Herrschaft* (oder sogar Susan Brownmillers kürzlich erschienenes und ausgezeichnetes Buch *Gegen unseren Willen*). Unsere ersten Äußerungen machen wir als Frauen, für die der Feminismus ein Erklärungsmodell für die Welt ist, in der wir uns vorfinden, einer Welt, die wir mit analytischen Methoden untersuchen, die wir aus Büchern gelernt haben. Wir kommen aus einer akademischen Tradition und verwenden das politische Werkzeug der Linken – diese Mikroskope, dieses Freilegen der Gliedmaßen, der Nerven, der Sehnen, diese Erforschung der Struktur und ihrer Folgen, der Gebräuche und Mythen – all das ist Rationalisierung. Daraus filterten wir heraus, wie das System funktioniert. Wie es dazu gekommen ist, wie es läuft, wodurch es sich verfestigt. Wir haben die Umrisse skizziert. Ein erster und wesentlicher Schritt.
Dann gingen wir daran, sie auszufüllen. Dafür machten wir Filme und Dokumentationen, veranstalteten Filmfestivals und Dichterinnenlesungen und schrieben Romane und Tagebücher. Weil diese nicht Analysen, sondern Ausdrucksformen sind. Und Kunst. Das Leben der Frauen *ausdrücken*, so wie es sich wirklich abspielt. Deshalb habe ich *Three Lives* gemacht. Und um die Erfahrung von M und J auszudrücken, habe ich *Das verkaufte Geschlecht* gemacht. So war es bei vielen von uns; wir begannen die Daten zu sammeln, wie sie von Augenblick zu Augenblick erfahren werden, wie sie gelebt werden, ganz ohne Theorie. *Flying* geht vielleicht noch einen Schritt weiter in die Richtung einer Aktualisierung unseres Le-

bens, wie es dem Veränderungsprozeß unterliegt – nicht mehr das Sammeln von Fakten unter dem alten Regime, sondern, wie die Erfahrungsberichte, die viele Frauen heutzutage zu schreiben beginnen, eine Aufzeichnung des neuen Lebens. Ich weiß es nicht.
Aber abgesehen davon, welche Bedeutung dieses kleine Buch als Wasserscheide oder als Eintritt in die unteren Regionen unserer kollektiven Frauenwelt auch haben mag – die Orte, an denen sie waren, die Dinge, die sie erlebten, und durch sie die Orte, an denen ich war, die Dinge, die ich erlebte – so bedeutet *Das verkaufte Geschlecht* für mich eine *Aufgabe.* Mehr als alles andere, was ich geschrieben habe, ist es ein Aufruf zur Handlung. Schreit danach, wurde eigens dazu geschaffen: daß es etwas *bewirkt.* Mehr bewirkt, als es aussagt. *Sexus und Herrschaft* befaßte sich mit Feminismus, *Flying* mit Fragen der Homosexualität (und vielleicht auch mit Gewaltlosigkeit, was noch anrüchiger ist), aber *Das verkaufte Geschlecht* fordert schlicht und einfach zu *direkter Aktion* auf. »Organisiert euch, organisiert euch«, ruft dieses Buch aus. Die Tantiemen daraus reichten für eine Druckmaschine*. Weil ich so sehr wollte, daß etwas geschieht. Und weil schließlich ein Buch nur anregen, ein Katalysator sein, einen Prozeß in Gang bringen, eine Wahrnehmung widergeben kann, die im Leser schon vorhanden ist und darauf wartet, erweckt zu werden. Und weil die echte Organisation anderswo erfolgen muß, kann ich nur *helfen* und *unterstützen. Durchgeführt* muß sie von anderen werden: Von den Prostituierten selbst. Ob mit oder ohne die Unterstützung

* Für die von Margo St. James geleitete Gruppe COYOTE in San Francisco, die erste organisierte Gruppe von Prostituierten in den Vereinigten Staaten.

und Solidarität der anderen Feministinnen, das einzige authentische Zentrum der Veränderung liegt bei der Prostituierten selbst. Und sie tut es.
Die Situation, wie sie in der Einleitung von 1972 umrissen wurde, als wir alle noch den Atem anhielten und hofften, hat sich wesentlich gebessert. Die erste Konferenz der Radikalen Feministinnen in New York über Prostitution endete in einem stürmischen Debakel. Seit damals ist Margo St. James auf den Plan getreten (ich erwähne sie zum ersten Mal 1973 im Nachwort von Sacramento). Im selben Jahr gab sie die Gründung von COYOTE bekannt, einer »Organisation der leichten Mädchen«, die auch unter dem Namen »Call Off Your Old Tired Ethics«* bekannt ist. COYOTE ging zur Presse und ging vor Gericht, führte und gewann Prozesse. Und da gibt es auch PONY in New York, ASP in Seattle und DOLPHIN in Honolulu, alles Schwesterorganisationen, deren Ziel es ist, das Schicksal der Straßenprostituierten zu lindern, indem sie den Frauen konkrete Hilfe anbieten: Rechtsberatung, Unterstützung bei Belästigung durch die Polizei, bei Verhaftungen und Kautionen sowie Informationen über die Rechte der Prostituierten. Aber das wirkliche Ziel der amerikanischen Prostituierten ist die Entkriminalisierung. Nicht Legalisierung, sondern Entkriminalisierung: Weil Legalisierung dem Staat das Recht, ja sogar das Vorrecht einräumt, Frauen zu besitzen und zu verkaufen und für solche Transaktionen Steuern einzutreiben, wogegen Entkriminalisierung die Prostitution bloß aus dem Strafrecht entfernt und sie in die Sphäre des Privatlebens zurückgibt, wo sie hingehört.

* »Schluß mit eurer alten müden Moral« (Anm. d. Üb.)

Vor allem aber ist Entkriminalisierung der schnellste Weg, die schlimmsten Übel des Lebens einer Prostituierten zu erleichtern: Angst, Verhaftungen, Geldbußen, Gefängnis, Gericht, Erpressung – vielleicht durch den Zuhälter zusammen mit seinem Kumpel, dem Rechtsanwalt. Aber die amerikanischen Organisatorinnen wissen nur zu gut, daß unsere Gesetzgeber die Prostitution nicht entkriminalisieren werden – wegen ihres eigenen Konservativismus und jenem ihrer Wähler vielleicht nicht einmal dazu in der Lage sind – und daß wir unsere größten Hoffnungen in die Gerichte legen müssen. Bis es zum großen Entscheid kommt, daß Frauen das Recht haben, nach eigenem Gutdünken über ihren eigenen Körper zu verfügen, und daß Prostitution nicht eine öffentliche Transaktion ist – und daß eine Einmischung durch die Polizei einen Einbruch in die Privatsphäre darstellt – besteht die Strategie darin, aufzuzeigen, wie *diskriminierend* die Anti-Prostitutions-Gesetze angewendet werden. Obwohl einige Bundesstaaten Gesetze haben, die sowohl den Freier, den Beschützer oder Zuhälter als auch die Prostituierte unter Strafandrohung stellen, werden solche Gesetze in Wirklichkeit nie angewendet. COYOTE hat es sich zur Aufgabe gemacht, diese Tatsache sowohl an die Öffentlichkeit als auch in die Gerichtssäle zu tragen, und gleichen Schutz durch das Gesetz zu fordern. Einige Fortschritte wurden erzielt: Gerichte in Alabama, Kalifornien, Louisiana, Minnesota und Washington, D. C. haben Urteile gegen Prostituierte annulliert, weil sie gegen den Gleichheitsgrundsatz verstießen. Der kalifornische Richter Spurgeon Avakian vom Alameda County Superior Court hat bei seinem Urteilsspruch nicht nur das angeführt, sondern auch die Polizei angehalten, von ihrer Praxis abzulassen, Prostituierte in eine Falle zu locken, indem er einen Abschnitt des kalifornischen Strafrechts zitierte, der untersagt, »daß jemand einem anderen bei der Ausführung eines Vergehens beisteht oder hilft«.*

Denn so werden sehr viele Verhaftungen von Prostituierten durchgeführt: Durch »faule Tricks«, durch die gebräuchliche, unnötige, unehrliche und heuchlerische Methode, ihnen Fallen zu stellen. Auch ohne Falle, hat Dr. Jennifer James von der Universität Washington ausgerechnet, kostet es den Staat 1560 Dollar, ein Straßenmädchen zu verhaften. Diese vielen Steuerdollar, die im ganzen Land zu Millionen werden, tausende Stunden Polizeiarbeit, Gerichtszeit – wozu das alles? »Um den Schutz unschuldiger Männer vor den obszönen Anträgen weiblicher Personen zu gewährleisten«, formulieren es Rennie und Grimstad in ihrem *New Women's Survival Sourcebook*. Und sie sind sich, wie wir alle, der Ironie dieser Behauptung bewußt, denn *jede* Frau ist ständig und unter den alleröffentlichsten und demütigendsten Bedingungen den obszönen Anträgen männlicher Personen ausgeliefert. Dagegen gibt es kein Gesetz oder wenigstens keines, das angewendet wird. Vortrefflich fassen Rennie und Grimstad in ihrem Buch das neue feministische Bewußtsein zur Prostitution zusammen, das nach der New Yorker Konferenz der Radikalen Feministinnen allmählich durchdrang:

> Die Prostitution ruft bei Frauen überwältigende, tief verankerte Gefühle aus, eben weil sie so offenkundig gewisse grundlegende und stillschweigende Annahmen über das Verhältnis von Männern und Frauen in der patriarchalischen Gesellschaft offenlegt. Sie erinnert uns daran, daß wir durch unsere Sexualität definiert werden:

* *The New Woman's Survival Sourcebook*, hrsg. von Susan Rennie und Kirsten Grimstad (Alfred A. Knopf, 1975, S. 22)

Ehefrau, alte Jungfer, Lesbe, Hure; und sie erinnert uns daran, daß die meisten Frauen für ihr gesellschaftliches Überleben von Männern abhängen, und daß die meisten von uns auf diese oder jene Weise unser Überleben im Tausch gegen die Ware sichern, die Männer von uns am meisten begehren. Für die Feministinnen ist diese sexuelle Verdinglichung von Frauen unmenschlich und entwürdigend – und die allerärgste Entwürdigung wird von jenen Frauen erlebt, die gezwungen sind, für ihren Lebensunterhalt ihren Körper zu verkaufen... Sie sehen in der Prostitution auch einen Kontrollmechanismus, welcher der Vergewaltigung nicht unähnlich ist: Die Vergewaltigungsdrohung schränkt den (von Männern nicht geschützten) Lebensraum der Frauen ein und bestärkt die Frauen darin, sich in den Schutz von Männern zu begeben, was in den meisten Fällen in der Ehe erfolgt. Die Prostitution stellt auch eine Warnung an alle Frauen dar, ihre sexuellen Beziehungen auf *einen* Mann zu beschränken, und als Gegenleistung nichts zu erwarten – außer »Liebe«.*

Aber wirklich los ging es in Frankreich. Vom amerikanischen Feminismus konnte man erwarten, daß sich eine Bewegung bilden würde, die sich zum Ziel setzte, die Prostituierten zu organisieren und die Prostitution zu entkriminalisieren. Doch daß tausende und abertausende französische Prostituierte eine offene Revolte anzetteln und im letzten Juni mehrere Tage lang die Kirchen besetzt halten würden, wobei sie sich gegen das Gesetz und die Polizei stellten, durch die sie mit wachsendem Eifer unterdrückt worden waren, und daß sie damit die Aufmerksamkeit der ganzen Welt auf das Schicksal der Straßenmädchen lenken

* *The New Woman's Survival Sourcebook,* S. 21

würden, auf ihren mutigen Kampf um Anerkennung als Menschen, um ein menschenwürdiges Leben, um das Menschenrecht, ihre Kinder großzuziehen – das kam völlig überraschend und versetzte uns alle in Staunen. Im Vorjahr hatten die französischen Frauen einen großen Sieg in der Abtreibungsfrage errungen; aber selbst das kam kaum an den Aufruhr heran, der im Juni folgte, und hatte ihn ganz gewiß nicht vorausahnen lassen. Die Bewegung war jung, zahlenmäßig noch klein, marginal. Und dann, ganz plötzlich, preschten die Prostituierten vor, wurden zur Avantgarde. Gerade die Gruppe, auf die man am allerwenigsten gehofft hatte: arm, vereinzelt (jede Frau von der anderen getrennt), mit wenig politischer und organisatorischer Erfahrung und wenig Selbstachtung. Die unterdrückteste und verachtetste Gruppe unter den Frauen. Die Gruppe, die eine Befreiung am meisten benötigte und die geringsten Chancen hatte, sie zu erreichen. Hätte man meinen können . . .
Und die Besetzung der Kirche von Saint-Nizier schlug wie eine Bombe ein, die über ganz Europa explodierte. Ich war damals in England und hörte ihren Widerhall aus allen Teilen Europas. Ich wollte dort sein. »Die Prostituierten haben sich in die Kirchen zurückgezogen; sie weigern sich, weiter Geldbußen zu zahlen, sie weigern sich, ins Gefängnis zu gehen . . .« Natürlich war die erste Reaktion der Öffentlichkeit peinlich berührtes Lachen, das von Tag zu Tag beklommener wurde. Weil sich unter den Verdammten dieser Erde eine wahre Revolution abspielte.
So spontan und wunderbar, wie die Eruption erschien, so hatte sie sich doch schon lange vorbereitet und war selbstverständlich nicht so unvermittelt ausgebrochen. Da die Wurzeln der Unterdrückung der Frauen in Vergewaltigung, körperlicher Mißhandlung und Gewalt zu suchen

sind, ist es bezeichnend, daß die ersten Regungen der französischen Prostituierten auf eine schreckliche Mordserie folgten: Morde an Prostituierten in Lyon, eine Reihe von besonders abscheulichen Verbrechen, bei denen jedes der Opfer stundenlang und auf grausamste Weise vor seinem Tod gefoltert und die Leiche nachher gräßlich verstümmelt wurde.

Nach der Ermordung von Chantal Rivier im Mai 1974 (die Knie wurden ihr hinter dem Kopf zusammengebunden und langsam gebrochen), und von Renée Grangeon im Juni (ihr wurden die Fingernägel ausgerissen und sie wurde mit einem Elektrokabel um den Hals langsam unter Wasser erwürgt), Morde, die anderen Morden gefolgt waren, bei denen Prostituierte zu Tode gepeitscht und gesteinigt wurden, Morde, die man nie aufklärte und die die Behörden auch nicht sonderlich zu beunruhigen schienen – berief man eine Versammlung von Prostituierten, Anwälten (eine wohltätige Vereinigung, die sich mit der Rehabilitation von Prostituierten in Frankreich befaßt) und Journalisten ein. Eine Erklärung wurde abgefaßt und an die Behörden geleitet. Sie behandelte Fragen der Sicherheit und des Polizeischutzes, begann aber auch schon mit der Formulierung von kontroverseren Forderungen: Schluß mit der Polizeirepression und den Vorladungen, die die französische Polizei wie Strafmandate auf die Prostituierten niederprasseln ließ. Es handelt sich dabei um Geldbußen in der Höhe von etwa 25 Dollar, und ein Straßenmädchen kann am Ende eines Tages mehrere davon in der Handtasche haben. Es ist höchst unwahrscheinlich, daß sie in der Lage sein wird, sie auch wirklich zu bezahlen. Wenn sie sich ansammeln, befindet sie sich stets in der Gefahr, verhaftet und ins Gefängnis gesteckt zu werden. Prostitution ist in Frankreich *nicht* verboten, man könnte sich

also mit gutem Recht fragen, warum man Prostituierte so belästigt. Ganz einfach: Sie machen sich schuldig, eine *»attitude de nature à provoquer la débauche«* an den Tag zu legen – ein Verhalten, das die Unzucht provoziert. In anderen Worten, sie nähern sich Männern. Eine Frau mag bloß mit ihrem Hund oder ihrem Baby spazieren gehen oder beim Bäcker an der Ecke einen Laib Brot kaufen; wenn ein Polizist entscheidet, daß sie einem Mitglied des männlichen Geschlechts zugelächelt hat, oder wenn er weiß, daß sie eine Prostituierte ist, oder wenn ihm bloß nicht ihr Gesicht paßt, dann läßt er sie eine Geldbuße blechen. Er muß täglich etwa dreißig davon anbringen – das ist eine Quote – und er muß diesem gestrengen und unnachgiebigen Polizeipräfekten gehorchen, der, obwohl nicht willens oder nicht in der Lage, das Leben der Prostituierten zu schützen, wild entschlossen ist, ihnen das Leben zu vergällen. Und ihnen Geld abzuknöpfen. Denn natürlich bringt es etwas ein, Huren zu jagen; die Polizisten machen sich einen Sport daraus, geben sich nicht einmal die Mühe, aus dem Streifenwagen auszusteigen, reichen die Strafmandate einfach durchs Fenster.
Die Behörden reagierten nicht auf die Erklärung. Und im August wurde Marcelle Anaclès ermordet. Es kam zu einer neuerlichen Versammlung. Der Leiter des Sicherheitsbüros, M. Laurent, wurde eingeladen. Auch M. Winnick von der Sittenpolizei. Neue Forderungen wurden aufgestellt. Im vollen Bewußtsein dessen, was sie tat, antwortete die Polizei von Lyon mit einer Eskalierung der Repression und einer Erhöhung der Anzahl der Geldbußen. Ein altes Gesetz wurde ausgegraben, das jedem, der innerhalb eines Jahres in derselben Stadt wegen irgendeines Vergehens zwei Geldbußen zahlen muß, eine Haftstrafe von drei bis acht Tagen androht. Nicht nur kann eine Pro-

stituierte eine Reihe von Vorladungen täglich erhalten, sie erhält diese ohne Schuldnachweis, ohne ein gesetzmäßiges Verfahren, ohne Zeugen oder die Möglichkeit einer Berufung: Der Staat und die Gesellschaft werden durch die subjektive Meinung eines einzelnen Bullen vertreten. Eine totalitärere Situation kann man sich kaum vorstellen. Für die Prostituierten von Lyon wurde das Gefängnis unvermeidbar.

Die Geldbußen waren zwar unmöglich zu bezahlen, aber das Gefängnis bedeutete eine Trennung von ihren Kindern. Ein Brief wurde an den Polizeipräfekten geschrieben, in dem sie ihn anflehten: Wenn er sich schon geweigert hatte, sie zu treffen, würde er ihnen wenigstens gestatten zu leben? Die Antwort bestand aus noch mehr Geldbußen.

Die Prostituierten beschlossen, die Öffentlichkeit zu informieren. Und sie schafften den Durchbruch. Im April 1975 ermöglichte ihnen ein sehr beliebtes und einflußreiches Fernsehprogramm, ihre Anliegen zu formulieren. Die Sprecherin war damals Ulla, eine erstaunlich überzeugende und sprachgewandte Frau. Führerinnen bildeten sich heraus, und durch die wiederholten Versammlungen und die steigende Repression begann die Solidarität unter den Frauen zu wachsen. In Lyon wurde allmählich eine Bewegung aufgebaut, die schließlich an die 30 000 französische Frauen vertrat. Und die das Antlitz der Prostitution auf der ganzen Welt veränderte.

Jetzt war die Zeit reif. Am zweiten Juni kam man überein, daß radikale gewaltlose Aktionen gesetzt werden müßten (die kluge Wahl von wohldurchdachten gewaltlosen Taktiken zusammen mit der moralischen Intelligenz, auf deren Anwendung zu bestehen, ist etwas Bewundernswertes und Erfrischendes an der Bewegung); und die Idee wurde diskutiert, die Kathedrale von Saint-Jean zu besetzen. Später beschloß man, daß die Kirche von Saint-Bonaventura geeigneter sei. Dieser Beschluß wurde an die Presse geleitet, die zusammen mit der Polizei am Tag X, am Dienstag, den 3. Juni, beim vermeintlichen Ort der Handlung aufkreuzte. Mittlerweile hatte jedoch die Bewegung hinterlistigerweise die Szenerie zur Kirche von Saint-Nizier verlagert. Möge sie auf alle Zeiten berühmt bleiben. An diesem Tag und in diesen geheiligten Hallen betraten die Freudenmädchen das Gotteshaus.

Das entbehrt nicht eines gewissen Charmes. Wenn man, wie ich, in der Kirche aufgewachsen ist, dann vernimmt man diese Botschaft mit besonderem Vergnügen. Ich spürte, wie es mich von England wegzog, und ich konnte den Augenblick nicht erwarten, mich dem Zugriff meines Verlegers zu entziehen und mich an den Ort der Handlung zu begeben. Daß die Prostituierten die üppigen, achtbaren und frömmelnden Kapellen der Römisch-Katholischen Kirche füllten, war in der Tat äußerst reizvoll. Daß sie, wie im Mittelalter, beim Altar Asyl suchten, war eine poetische Form von Politik. Auch wenn man eine noch so schwache Ahnung von den ursprünglichen Prinzipien des Frühchristentums hat, so erkennt man doch diese herrliche Gerechtigkeit, die wunderbare Entsprechung: Die Magdalena war in der Stadt und trieb sich dauernd mit diesem aufmüpfigen Kerl herum, bis die Behörden ihm ein Ende bereiteten. Und Saint-Nizier war gesegnet mit einem guten Mann, der keineswegs dumm war, dem Pfarrer. Le Père Béal war der Meinung, daß die Kirche ein Haus für alle Menschen sei, und wenn achtbare Leute ihn fragten, ob er nicht geschockt sei, war er geschockt, daß man so etwas fragen konnte. Die Frauen kamen mit Orangen und Aschenbechern und Decken und Kaffee: »Wir sind da und wir rühren uns nicht vom Fleck«, sagten sie. »Wir haben nicht mehr den Eindruck, bloß Prostituierte zu sein; wir sind Frauen gemeinsam.« Sie erlebten die tiefe Befriedigung der Solidarität, die Erregung eines Abenteuers, daß sich vor den Augen der Welt abspielte (gleich draußen vor dem Kirchentor – mit ihren Reportern, ihren Fernsehteams...), die süße Trunkenheit der Gemeinsamkeit. Nicht nur der Gemeinsamkeit untereinander, sondern der Gemeinsamkeit mit der Welt: Am 3. Juni bahnten sich die französischen Prostituierten den Weg in die Spezies Mensch. So lange ausgeschlossen, hatten sie sich mit einem einzigen brillianten Coup mitten ins Zentrum gestellt.

Sie machten sich dort gut aus. Sie übergaben der Öffentlichkeit klare und plausible Erklärungen, gewährten informative und überzeugende Interviews, lasen und argumentierten und diskutierten den ganzen Tag. Und bestanden darauf, daß die Regierung sie beachte, und daß Françoise Giroud, eine tüchtige Journalistin, die vor kurzem zur Staatssekretärin für Frauenfragen ernannt worden war, sich mit ihrer tristen Lage befasse, damit sie nicht in den Knast müssen. Und schließlich, daß die ungerechte Belästigung durch die Polizei ein Ende nehme. Das klang alles recht vernünftig. Giroud ließ es sausen. Bei der einen Gelegenheit, wo sie etwas Schönes und Edles hätte tun können, ja sogar etwas Nützliches und Zweckdienliches, tat sie etwas, was sich sofort als die schlechteste Entscheidung ihrer Laufbahn erwies, eine Entscheidung, die ihr Amt und ihre Verantwortlichkeit verriet und sie wahrscheinlich den Posten kostete. Sie tat nichts. Sie drückte sich vor der Verantwortung, sagte, es fiele nicht in ihre Kompetenz, sondern in jene des Innenministers, M. Poniatowski. Frankreich widerhallte vor Gelächter. So wurde M. Poniatowski wegen ihrer Unfähigkeit zum Mi-

nister für Frauenfragen. Und auch er unternahm nicht viel. Bis er etwas Dummes tat. Er griff zur Gewalt.
Aber ehe Lyon nicht Montpellier, Grenoble, Marseille, Toulouse, Cannes wurde ... der Streik breitete sich in fast jeder Stadt Frankreichs aus. Kirche um Kirche. Und schließlich Paris, die Kapelle von Saint-Bernard à Montparnasse. Vielleicht war das der Auslöser? Oder vielleicht war es die Frauenbewegung, die mittlerweile gute Kontakte mit den Frauen von Lyon hergestellt hatte: Ein Videoteam filmte die Prostituierten und ihre Debatten in der Kirche und spielte es der Menge vor der Kirche vor; dann filmten sie die Reaktionen der Bevölkerung und spielten diese wiederum den Frauen vor, die in der Kirche eingesperrt waren. Eine wertvolle Verbindung zwischen den beiden Welten, verläßlicher und spontaner als die offiziellen Medien.
Die Sympathie für die Prostituierten wuchs stündlich. Giroud ließ sich noch immer nicht herab, mit ihnen in Kontakt zu treten, aber Simone de Beauvoir kam und verbrachte den Abend mit ihnen. »Spitze!« ist man zum Lachen verleitet. Doch man hätte keinen besseren Indikator für die moralische Empörung finden können. Von den Frauen, die ich traf, als ich, leider zu spät, ankam, erfuhr ich etwas, was mich mit Stolz erfüllte: Ich war unter ihnen gewesen, obwohl ich es nicht wußte – die französische Ausgabe von *Das verkaufte Geschlecht* war das Buch, das ihnen bei ihrer gemeinsamen Lektüre am meisten zusagte. Jetzt gibt es noch ein Buch, und sie haben es selbst geschrieben.*

* *Une Vie de Putain*, hrsg. von Claude Jaget (La France Saubage, 1975, Presses d'Aujourd'hui). Obwohl es von einem Mann herausgegeben ist, enthält dieses Buch in Jagets Einleitung und Schlußkapitel über die Ge-

Ein paar Stunden lang war die französische Prostituierte nicht mehr eine *»pute«*, sondern eine Person. Für alle. Aber das überschritt für die Regierung den Rahmen des Erträglichen. Das war zu viel für diese muffige, aufgeplusterte Bürokratie, diese pompöse Langeweile, diese brokatene Verlogenheit, aus der das französische Establishment besteht. Das war irgendwie alles zu wirklich. Es mußte beendet werden. Poniatowski schickte eine Sondereinheit der Polizei hinein. Und sie gingen hinterhältig vor. Sie schlugen um sechs Uhr morgens zu, als alle Frauen schliefen; sie verwendeten den guten Curé als Lockvogel, fesselten ihm die Hände am Rücken und zwangen ihn, den wachhabenden Frauen zuzurufen, daß Ulla dringend am Telefon verlangt würde. Dann gingen sie zum Angriff über. Zerrten die Frauen an den Haaren heraus, prügelten sie, schleuderten sie auf den Steinboden, schleiften die reglosen und sich nicht wehrenden Körper des gewaltlosen Protestes und des passiven Widerstandes über die Pflastersteine und stießen sie in die Polizeiwagen. Als ich das hörte, fürchtete ich einen Augenblick lang, daß alles vorbei wäre. Aber als ich nach Paris kam, traf ich sie. Es ist nicht vorbei, sie haben eben erst begonnen. Die Organisationsarbeit in den kleinen Kneipen geht weiter, in ganz Paris, in ganz Frankreich.

Als ich sie im November das letzte Mal sah, bereiteten sie gerade eine Generalversammlung von Prostituierten aus dem ganzen Land vor. »Eine große Versammlung?« fragte ich. »Riesig«, sagten sie. »Wir mieten denselben Saal, den

setzeslage und die Zuhälter eine der sensibelsten und intelligentesten Analysen über Prostitution, denen ich je begegnet bin. Ich kann es kaum erwarten, daß dieses Buch ins Englische übersetzt wird und in den USA erhältlich ist.

sie für die Großveranstaltungen der politischen Parteien verwenden.« Möge die Göttin lächeln.

Kate Millett
Cazenovia, New York und New York City
Januar 1976

1972/73

Das verkaufte Geschlecht habe ich in der hektischsten Periode meines Lebens geschrieben – im Sommer 1970. Mein Buch *Sexus und Herrschaft* war im Juli erschienen und wurde im August und September zum Bestseller. Einem Leben in angenehmer Anonymität setzte es mit einem raketengleich einsetzenden, typisch amerikanischen Erfolg ein Ende. Was alles noch verschlimmerte, war, daß ich zu der Zeit, als das Buch in allen Buchhandlungen zu haben war, bereits aufgehört hatte, seine Autorin zu sein. Ich war weitergegangen und eine andere Schriftstellerin mit anderem Stil und anderen Interessen geworden.
Das verkaufte Geschlecht spielte eine große Rolle bei meinem Versuch, mich von der akademischen Schreibweise freizumachen, das heißt distanziert, ironisch, von oben herab zu schreiben, wie ich als Schriftstellerin begonnen hatte. Die Fahnen von *Sexus und Herrschaft* waren im Februar zum Umbruch gegangen. In den folgenden Monaten wurde ich so etwas wie eine hauptberufliche Aktivistin und Organisatorin der Frauenbewegung. Als im Frühling 1970 der Kambodschakrieg einen nationalen Studentenstreik auslöste und mein eigenes *Experimental College* an der Columbia-Universität auseinanderlief, da

sich die Mitglieder der Friedensarbeit widmen wollten, konnte ich mehrere Colleges im Nordosten, im Süden und im mittleren Westen besuchen. Und ich tat, was ich konnte – in der angenehmen Rolle einer Agitatorin von außen –, um die jungen Frauen als engagierte Feministinnen zum Streik zu bewegen.
Mit meinen Freundinnen der *Women's Liberation* in Columbia hatte ich begonnen, aus der Sicht der Frauenbewegung eine Analyse des Krieges als eines sozialen Phänomens und des Militarismus als einer Funktion geschlechtsspezifischen Rollentrainings auszuarbeiten. Nun war der Augenblick gekommen, unsere Theorien an der Wirklichkeit zu erproben. Wie würde unsere junge Bewegung am Rande der Ereignisse mit ihrem »schrägen« Blickwinkel – der überdies gegen den Einwand, wir seien nicht betroffen (Frauen werden nicht eingezogen), nur schwer zu verteidigen war –, wie würde diese Bewegung sich behaupten gegen den Neo-Militarismus der männlichen Linken mit ihrer Besessenheit von gewaltsamen Methoden? Es war ein aufregendes und herrliches Frühjahr, in dem vieles möglich schien. Als ich die Stimmen von viertausend Frauen hörte, die im Versammlungssaal von Smith College den Streik forderten, von einem Ende des Saals zum anderen, das Wort ständig wiederholt wie ein Trommelwirbel im Zentrum des Orkans, da empfand ich die ganze Genugtuung einer Organisatorin, wie bescheiden, wie flüchtig oder gar nur eingebildet meine Rolle auch gewesen sein mochte – ich erlebte das alles intensiv. Die Teilnahme an der Politik war zum persönlichen Erlebnis geworden. Nicht Theorie, sondern Praxis – nicht die Zusammenkünfte von zehn engagierten Intellektuellen in einer New Yorker Wohnung, sondern Massenversammlungen im Regen vor dem Hause eines College-Präsidenten, oder das

Konklave in einem von Studenten übernommenen Gebäude, und das Grauen eines Polizeiangriffs auf dem Rasen in Columbia. Und wenn ich über diese Ereignisse schrieb, mehr oder weniger zufällig, einmal für *Change Magazine* als Reporterin (weil sie mir meine Reisekosten ersetzten), ein andermal für den *Red Clay Reader* (weil der Redakteur ein Freund war und etwas von mir bringen wollte), dann schrieb ich das als Eingeweihte und Augenzeugin. Wenn ich auch noch nicht ganz auf die Ironie verzichtete, in der ich geschult worden war, so klammerte ich mich doch nicht länger an den öden Objektivitätsanspruch, den man gewohnheitsgemäß an Akademiker in spe richtet. Schwerfällige Sätze wurden auf ihre natürliche Länge verkürzt. Ja sogar auf die Satzfragmente, in denen wir Amerikaner tatsächlich denken und sprechen. Meine Sprache sollte das Erlebnis spiegeln, umgangssprachlich, erregt und unmittelbar. Ob es im Wirrwarr der Streikarbeit auf einem Campus im Nordosten war, oder in der Stimmung schmerzlichen Heimwehs beim Besuch eines Colleges im Süden, in dem ich elf Jahre zuvor hoffnungslos unglücklich gewesen war – endlich schrieb ich aus unmittelbarer emotioneller Betroffenheit. Ich begann so zu schreiben, wie ich spreche und denke. Kurz gesagt, ich begann zu *schreiben*.

Das verkaufte Geschlecht war in diesem Prozeß so etwas wie eine Wasserscheide. (Ich denke hier mehr an den Stil der vier Frauenstimmen als an die etwas gekünstelte Manier meines ersten Vorworts, das mir beim Wiederlesen so vorkommt, als hätte ich es als eine Entschuldigung für die offene und ungenierte Redeweise der Frauen geschrieben.) Sie lehrten mich eine tiefere Anteilnahme, einen anderen Ton. Bei früheren Gelegenheiten hatte ich als unmittelbar Beteiligte auf den akademischen Stil zugunsten einer Art

persönlicher Reportage verzichtet. Das war ein verhältnismäßig leichter Übergang, er gab ein Gefühl von Befreiung, von Überschwang und Selbstbestätigung. Was mir aber mit dem *Verkauften Geschlecht* widerfuhr, war etwas ganz anderes. Und zunächst war es quälend. Denn hier begann ich *zuzuhören*, so daß sich das Erlebnis anderer Frauen wie ein Strom über mich ergoß. Zuweilen meinte ich, darin unterzugehen.
Irgendwo in meinem Beitrag zu dem Buch erwähne ich den Umstand, daß ich die Interviews, die ich auf Tonband aufgenommen hatte, erst eine Zeitlang liegen lassen mußte, bis ich mit ihnen als einem Rohstoff arbeiten konnte, den mir das Leben gegeben hatte, und nicht gebannt auf das Leben selbst zu starren – so tief hatten mich die Interviews bewegt, erschüttert, gequält und überwältigt. Die Versenkung in das Leben anderer Frauen, die ich mit dem *Verkauften Geschlecht* erfahren hatte, führte dann zu dem Dokumentarfilm *Three Lives,* in dem ich die Biographien von drei Frauen untersuche und den ich in demselben Sommer drehte, in der Pause zwischen den Tonbandaufnahmen zu dem Buch und ihrer Fertigstellung für den Druck. Auch das gefilmte Material mußte zunächst liegenbleiben. Ein paar Monate waren nötig, sozusagen um es abzukühlen, bis ich genügend Abstand gewonnen hatte von meiner eigenen übermächtigen Betroffenheit durch das Leben dieser drei Menschen, um den Streifen für die Vorführung fertig zu machen, der ein unmittelbares Produkt ihres Lebens war.
Vermutlich gibt es mehrere Gründe für die fast traumatische Wirkung, die dieses Material in beiden Fällen auf mich hatte. Der erste – das Gewicht seiner Neuheit, seiner Besonderheit. Denn das wirkliche, von manchen Frauen erfahrene Leben hat man noch bis vor kurzem vor anderen

Frauen verheimlicht. Es blieb unartikuliert. Diese Eruption, die erfolgt, wenn das verborgene Leben an die Oberfläche tritt, ereignet sich häufig bei Gruppen in der Phase der Selbsterfahrung. Dieses Phänomen beschrieben die Anthropologinnen Esther Newton und Shirley Walton in einem unveröffentlichten Vortrag über Selbsterfahrungsgruppen von Frauen 1971 vor der Anthropological Association in New York City – als einen Vorgang, der sowohl den Geburtswehen einer religiösen Bekehrung entspricht wie der plötzlichen Einsicht in Sinn und Zusammenhang einer sozialen Ideologie; es besteht in einer dramatischen Veränderung des Bewußtseins von Menschen, die zuvor unfähig waren, das Chaos ihres Lebens zu durchschauen. Bei dieser Bewußtwerdung erlebt eine Frau, daß ihre geheimen Ängste, ihr Groll, ihre Beobachtungen, ihr Ehrgeiz und ihre Frustrationen nun von anderen ausgesprochen werden. Das bedeutet, sie weiß mit einem Mal, daß ihre Erlebnisse und Erfahrungen nicht, wie sie sich eingebildet hatte, von aller Norm abweichen und sinnlos sind, daß sie vielmehr in weitem Umfang geteilt werden und durchaus ihre Bedeutung haben. Die weiteren Ursachen für meine heftige Reaktion sind zugleich mehr persönlicher und allgemeiner Natur. Sie gehen ebenso auf meine merkwürdige, fast gefährlich zu nennende Neigung zurück, mich mit anderen zu identifizieren, wie auf die weitreichenden moralischen Konsequenzen, die die Beschäftigung mit dem Leben anderer hat. Indem ich mich in die Leiden anderer Frauen versetzte und ihnen nicht mehr als Studierende oder Kritikerin, sondern als Autorin oder Filmemacherin begegnete, stellte ich mich ihnen als Frau, als eine Frau, die täglich intensiver mit dem Schicksal aller Frauen befaßt war, mein eigenes nicht ausgenommen.
So war es undenkbar, daß ich zum Beispiel das alptraum-

hafte Gefühl, in der Falle zu sitzen, das Mallory oder Robin in dem Film vermitteln, hätte spüren können, oder die Verzweiflung J's in diesen Protokollen – ohne mich in der Phantasie mit ihnen zu identifizieren und ohne ihre Leiden mit ihnen zu erdulden. Und das führte zur Erschöpfung. Zudem stellte ich fest, daß die Kenntnis von den Erlebnissen eines andern eine große moralische Verantwortung mit sich bringt, da uns ja schon allein die Kenntnis eines anderen Menschen, wenn sie gründlich und authentisch ist, diesem gegenüber Verpflichtungen auferlegt.

Wie kommt man dieser Verantwortung nach? Das Schreiben schien mir nur ein erster Schritt zu sein. Aber wenigstens war es ein Anfang. Wenn man nur etwas von der Wahrheit über das Leben der Prostituierten an die Öffentlichkeit bringen und es zur Diskussion stellen könnte, und sei es nur, um die stickige Luft soziologischer Statistiken oder einer Playboy-Romantisierung oder der pornographischen Verzerrung zu vertreiben – dann müßte sich doch der Schleier aus öffentlicher Gleichgültigkeit und Fehlinformation ein wenig lüften lassen. Darüber schreiben – das könnte die Diskussion entfachen, das Interesse wecken, es könnte die Aufmerksamkeit auf das Thema lenken. Und das war auch schon alles, was ich selbst, als Einzelne, tun konnte. Aber das war nicht sehr viel. Das allein konnte noch nichts ändern. Und was ich erleben wollte, war eine echte Änderung im Leben der Prostituierten, besonders irgendeine Änderung ihrer Zwangslage – dieser Ausbeutung, der sie von allen Seiten ausgesetzt sind, die Erniedrigung durch den Zuhälter wie durch den Kunden, die Verachtung durch die Rechtsprechung wie durch die Öffentlichkeit. Eine Verachtung, die, aller gespielten Herausforderung zum Trotz, zur Selbstverachtung wird. Nach einer allen Außenseitern vertrauten Dynamik richtet der Paria die wütende Verachtung, die ihm von der übrigen Welt entgegengebracht wird, gegen sich selbst – das gilt in unserem Fall auch für die Prostituierten.

Eine Änderung müßte natürlich auch spezifische Gesetzreformen einschließen, die Entkriminalisierung, auch ein anderes Vorgehen der Polizei, doch ebenso einen grundsätzlichen Wandel in der Einstellung der Öffentlichkeit; das heißt den umfassenden und komplizierten Prozeß einer Umerziehung der Öffentlichkeit, der einer Gesetzesreform stets vorangehen muß, wie wir aus analogen Situationen wissen, wo es um die Abschaffung von Gesetzen gegen die Abtreibung und die widernatürliche Unzucht ging.

Eine wesentliche Voraussetzung für eine gewandelte öffentliche Haltung ist eine grundlegend neue Einstellung zu dem Problem von Seiten der »anständigen« Frauen, die durch ihre Achtbarkeit von den Prostituierten historisch getrennt sind. Wir brauchen ein neues Klima von Aufmerksamkeit und Bewußtsein, von Vertrauen und Selbstachtung unter Frauen, ein Gemeinschaftsgefühl. Ausschlaggebend und am schwierigsten dürfte die bedeutungsvollste Veränderung sein, nämlich die auf der Straße. Eine fundamentale Neuorientierung im Selbstverständnis der Prostituierten, die ihre Beziehungen zum Zuhälter, zur Polizei und zu ihrem Kunden beeinflussen könnte. Denn selbstverständlich ist die Prostituierte die Schlüsselfigur. Ohne ihre Teilnahme bliebe jede Diskussion über Veränderungen akademischer Hochmut. Ich dachte, über die Prostitution zu schreiben, das könnte ein Anfang sein, aber solange nicht andere sich einschalten und die Frauenbewegung oder andere Gruppen und Organisationen ihre Aufmerksamkeit der Prostitution als einem brennenden

Problem zuwenden, solange wird sich an der Wirklichkeit der Prostitution, auch durch die Veröffentlichung eines weiteren Essays in einem dicken und zu teuren Band, der sich zudem an ein akademisches Publikum richtet, nichts ändern. Ich wußte das, und diese geringen Wirkungsmöglichkeiten nahmen mir fast jeden Mut. Da wurde die erste feministische Konferenz über das Problem der Prostitution im Dezember 1971 einberufen. Ich sah dem Ereignis mit einem vielleicht absurden Optimismus entgegen. Endlich kam da etwas in Bewegung. Auch andere Frauen zeigten Interesse. Jetzt konnte die Frage mit den vereinten Kräften vieler Frauen vorangetrieben werden. Das Resultat aber offenbarte mir meine naive Wirklichkeitsfremdheit. Die Konferenz brachte einerseits eine notwendige Aufklärung und war andererseits ein Mißerfolg. Der erste Tag begann noch recht ruhig mit Informationen: man hörte ausgezeichnete Vorträge über Theorien, Definitionen, Statistiken, Geschichte, die Widersprüchlichkeiten der Gesetze und ihre willkürliche Durchsetzung (zum Beispiel im Fall der »schwer erziehbaren Mädchen« oder der »Massagesalons«), und man hörte Reformvorschläge. Der Nachmittag gehörte den Arbeitskreisen, und da ging der Krach los – zwischen den Prostituierten und der Bewegung.

Denn entgegen aller Erwartung nahmen auch wirkliche Prostituierte an der Konferenz teil. Es waren nicht viele, und vielleicht waren sie nicht sonderlich repräsentativ. Aber es war doch eine Handvoll Frauen, die noch als Prostituierte arbeiteten und wohl kaum Mitglieder der Bewegung waren, die sich vielleicht früher unter dem Druck der Verhältnisse einmal verkauft – oder beinahe verkauft hatten. Und diese wenigen traten nun wie eine Bande von Radaumachern auf. Sie hatten uns allerlei zu sagen über die

Anmaßung »anständiger« Frauen, die sich einbildeten, sie könnten über etwas debattieren oder gar Entschlüsse fassen, was nur sie und keineswegs uns betraf. Was sie uns als allererstes sagen wollten – und ihre Worte gingen fast unter in einem Sturm verständlicher Entrüstung –, war, daß wir uns ein Urteil anmaßten über Dinge, von denen wir keine Ahnung hätten und in die wir uns besser nicht einmischten.

Ich hatte diese Konfrontation vorausgesehen. Ich hatte sie in einer sehr viel milderen Form unter vier Augen schon einmal erlebt, bevor ich hören durfte, was mir meine Informantinnen über das Leben der Prostituierten zu sagen hatten. Ich war mir auch bewußt, daß ein Außenseiter nie ein Organisator ist. Und daß es nutzlose Wichtigtuerei wäre, den Missionar spielen zu wollen. Und daß, wenn in der Frage der Prostitution überhaupt etwas gesagt, getan oder beschlossen werden könne, die Prostituierten allein dazu berechtigt wären. Und zwar ganz unabhängig davon, welche Rolle bei Beginn eines solchen Prozesses die Frauenbewegung oder ihre Autorinnen wie ich gespielt haben mögen – eine Rolle am Rande oder auch als Katalysator.

Man hatte also beides voraussehen können: die wirre Feindseligkeit der Prostituierten bei ihren Angriffen wie die aus Unsicherheit und Schuldgefühl verworrenen Antworten der Frauen aus der Bewegung. Nach stundenlangen erregten und zerfahrenen Auseinandersetzungen hatten wir Grenzen gezogen und Positionen abgesteckt, und wir hatten uns gegenseitig Vorwürfe gemacht – oder, besser gesagt, die Prostituierten hatten die Bewegung angegriffen, deren Mitglieder zuweilen aufhörten, sich zu verteidigen, um statt dessen zuzuhören oder miteinander wetteifernd um den Beifall der Prostituierten zu werben, die es ihrerseits genossen, sich im Mittelpunkt der Aufmerksamkeit einer Gruppe von Frauen zu sehen, die sie beleidigen durften, ja die sie dazu noch ermunterten. Eine sadomasochistische Angelegenheit. Das Gespenst der sexuellen Freiheit, um die es in Wahrheit hier ging, stand sozusagen greifbar im Raum. Wer weiß am meisten über Sex? Wer bekommt mehr? Was ist das meiste? Wer ist kalt? Geld macht Freude. Was ist Stolz, was Prüderie? Jede brachte jeder ein zutiefst zwiespältiges Empfinden entgegen: unbewußter Neid und unbewußtes Ressentiment arbeiteten wie Dampfmaschinen – man hörte die Kolben. Wir stritten miteinander und versöhnten uns, um von neuem miteinander zu streiten – aber wenigstens waren wir einander näher gekommen. Und in dem endlosen »Laßt mich nur noch meinen Gedanken zu Ende bringen« gegen »Mensch, du hast je keine Ahnung, wovon du redest«, das sich noch lange in Hausfluren und auf Treppen hinzog oder bei einem letzten Drink in der Bar, wurden wir füreinander zu Personen. Es gab eine Kluft zwischen uns. Aber sie schloß sich. Alles war möglich.

Am zweiten Tag kam es zur Explosion. Ein Meisterstück der Taktlosigkeit aus Unachtsamkeit führte dazu; der Titel des Arbeitsprogramms für diesen Tag stand zu unserer Orientierung auf den Programmheften gedruckt: »Für die Abschaffung der Prostitution«. Dem Ausschuß der Expertinnen gehörte ungefähr jeder Beruf an, nur keine Prostituierte. Ein paar kamen zu spät, und nach einigem Zögern erlaubte man ihnen, auf dem Podium Platz zu nehmen. Als ich, die letzte in der Reihe der Ausschußmitglieder, dran war zu sprechen, war ich froh, die Diskussion an sie abzugeben. Aber es war schon zu spät. Die rituellen Vorwürfe vom Tag zuvor, eine Art Schacheröffnung bei einem Disput im Arbeitskreis, entfalteten sich in der Eskalation zum Großangriff vor einer großen Zuhörerschaft,

von der ein Teil noch völlig uneingeweiht war, – alle die, die das Programm und die Arbeitskreise des Vortages versäumt hatten. Der Ausschuß ließ weder Planung noch Autorität erkennen; seine Mitglieder, alte wie neue, fielen sogleich mit kleinlichem Gezänk übereinander her.
Das Publikum wurde ungeduldig, weil es so lange warten mußte, bis es an der Diskussion teilnehmen konnte, während ihm inzwischen weder Information noch Unterhaltung geboten wurden. Vielmehr wirkten all die emotionellen und unlogischen Auseinandersetzungen zwischen den Ausschußmitgliedern äußerst verwirrend; schließlich standen die Zuhörer in langer Schlange ungeduldig vor den Mikrophonen auf der Rednertribüne, die für die Diskussionsteilnehmer bereitgestellt waren. Als den Frauen aus dem Publikum, die ihre Erregung gar zu lange hatten aufstauen müssen, endlich das Wort erteilt wurde, waren auch sie bereits jenseits der Schwelle, bis zu der sie logisch zusammenhängend hätten sprechen können, sie redeten wild und wortreich drauflos. Einige der Ausschußmitglieder verließen das Podium, und an ihre Stelle traten eifrig Freiwillige. »Ein Fest der Unvernunft«, seufzte ich zu Alix Shulman gewandt, als ich vom Podium machtlos zusah. Komisch – natürlich, wenn es nicht so schrecklich gewesen wäre. Die ebenso einfältige wie unermüdliche Friedensstifterin, die in mir steckt, streckte verzweifelt die Waffen. Erbitterte Privatfehden wurden jetzt im ganzen Saal ausgetragen. Keiner hörte zu, alle sprachen. Keiner redete vernünftig.
Die Sitzung ging rasch in einem Chaos unter. Die Prostituierten hatten ihren ganzen, noch unbewußten Zorn gegen das eigene Leben zusammengerafft und ihn vereint gegen die Frauen der Bewegung gerichtet, die anscheinend ebenso einhellig daran gingen, die Prostitution »abzu-

schaffen«, die doch der einzige Lebensunterhalt der Prostituierten war. Aber hinter dieser lächerlich hypothetischen Drohung, die sie aus dem Wort »abschaffen« heraushörten – während doch der erste Schritt, und darin waren sich alle Ausschußmitglieder einig, eben darin bestehen sollte, den Makel des Kriminellen abzubauen, was ganz offensichtlich von Vorteil für die Prostituierten wäre, da sie dann nicht mehr verhaftet werden konnten und keine Geld- und Haftstrafen mehr zu fürchten hatten – hinter dieser »Drohung« stand für sie die weitaus größere: die abschätzende Beurteilung durch andere Frauen. Denn wenn »anständige« Frauen in so großer Zahl zusammenkommen, um einmütig zu bekunden, daß es unbedingt von Nutzen sei, die Prostitution abzuschaffen – was sagt das der Prostituierten? Daß sie von ihren bürgerlichen Schwestern verachtet und abgewiesen wird. Man frage nicht, wo da die Logik bleibe – ihre Überzeugung kam aus dem Herzen. Ein Edikt. Kein noch so leidenschaftliches Dementi vermochte auch nur das geringste gegen diese elementare Überzeugung. Alle Sophisterei, die für die Rhetorik der Frauenbewegung typisch ist – daß auch wir Prostituierte sind, daß alle Frauen Prostituierte sind, daß die Ehe Prostitution ist, daß die Prostituierten unterdrückt werden und die Prostitution eine Form der Sklaverei ist – das alles war vergebliche Liebesmüh. Rhetorik, mit ihrer Schwemme aufgeblähter Metaphern *das* Material des politischen Radikalismus, kann nichts ändern an der Realität, die die Prostituierte vor Augen hat. Die Frauen im Komitee und die im Saal waren, wörtlich genommen, durchaus keine Prostituierten. Sie waren »bürgerlich« oder »anständig«. Ihre Ehen waren für sie nicht dasselbe wie die Prostitution. Und sie, die Prostituierten, fühlten sich nicht geschmeichelt, wenn sie als Sklavinnen abgestempelt wurden. Selbst der Ehrentitel der »am schlimmsten Unterdrückten« machte so wenig Eindruck, daß darauf nur trotzig und prahlend erwidert wurde: »Wir verdienen mehr Geld als ihr Zicken.« Ein Dialog war jetzt unmöglich. Alle Hoffnungen darauf gingen im Lärm und Geschrei unter. Was erworbene Eigenschaften vermögen, zeigte sich an einem Beispiel: Eine von denen, die sich hartnäckig danach drängten, die Sache der Prostituierten zu vertreten, eine phantastische Schauspielerin, die sich mit ihrer grandiosen Hysterie, wie beispielhaft sie auch für die psychische Desorientierung eines Callgirls aus Uptown sein mochte, jeder Logik verschloß, nahm an allem und jedem Anstoß. Sie riß das Heft an sich. Sie beherrschte die Situation mit ihrer eindrucksvollen Hysterie, mit der sie bei ihrem eigenen Kontingent – das zunehmend ruhiger wurde und leichter zu manipulieren war – ebensoviel Erfolg hatte wie bei den Frauen im Saal, die ihr laut proklamierter Anspruch auf verbürgte Sachkenntnis einschüchterte. Zugleich fasziniert wie voller Grauen blickte man auf diese sonderbar nervöse Frau mit dem seltsam gefärbten Haar von einem unmöglichen Grau, geschmückt mit einer Reihe von Halsketten, während sie wütend ihre Anklage vortrug und das Geschick eines Jesuiten in der Kunst des Argumentierens bewies. So stand sie auf der Bühne, wuchs, blühte auf; jede andere schob sie in ihrer Machteuphorie beiseite. Es war eine mystische Offenbarung, die die banale Häßlichkeit dieser Schul-Aula verwandelte: sie wurde *Die Prostituierte*, unangreifbar in ihrer Autorität.

Ein Abgrund tat sich auf. Wir kämpften gegeneinander, zwei Parteien, für immer getrennt. Die Frauen der Bewegung, besonders die Organisatorinnen der Konferenz, die guten Glaubens gehandelt hatten, sahen sich in die Defensive gedrängt. Sie wurden laut. Die Gruppe der Prostituierten wurde noch lauter. Barrieren wurden errichtet. Die Positionen erstarrten. Nun war endlich die Anklage, die so lange unter liberalem Wohlwollen oder radikaler Rhetorik begraben geruht hatte, zu hören: »Ihr verkauft euch, das könnte ich auch, aber ich tue es nicht.« Da war es endlich laut ausgesprochen. Die Ablehnung und Mißbilligung, die die Prostituierten von Anfang an mit unfehlbarem Instinkt gespürt und mit aller Energie bis zur eigenen Selbstenthüllung provoziert hatten – nun sind sie greifbar im Raum. Die Prostituierten sehen sich in ihrem Mißtrauen endlich bestätigt. Der Streit nimmt ernste Formen an. Eine Frau erhält einen Schlag, – der Vorgang ist obszön und nicht wiedergutzumachen. Alle Versöhnungsversuche scheitern. Von Lenkung und Ordnung kann keine Rede mehr sein bei dem, was nun zu einer Encounter-Gruppe von mehr als 500 Personen geworden ist. Der Nachmittag liegt in Scherben.

Es war zu früh gewesen. Die Hoffnung erstand wieder auf, als eine bemerkenswerte junge Frau auf der Bildfläche erschien, eine freie Journalistin (*Village Voice* u. a.), die in einem Bordell arbeitete und lebte. Hier war die Verbindung von sozialem und politischem Grips, die wir brauchten, und das gepaart mit einem großzügigen und einfallsreichen Verantwortungsgefühl für ihre Schwestern im Leben. Hier war die Organisatorin, die wir uns erträumt hatten. Weitere Versammlungen fanden statt, eine Gruppe wurde gebildet und ein Projekt entworfen, das den Straßenmädchen in einem Ladenlokal rechtliche und medizinische Beratung bieten sollte. Bisher aber ist nichts geschehen. Die Gruppe hat sich aufgelöst, doch könnte sie wieder ins Leben gerufen werden. Wieder war es zu früh,

wieder sind wir zu dem Schluß gezwungen, daß die Zeit noch nicht reif war.
Ich stehe wieder am Anfang und muß meine Hoffnung von neuem auf Worte setzen. Auf meine eigenen und auf die parteiischen, oft frisierten Berichte, die in der *Village Voice* über die Konferenz erschienen. Aber wie einseitig und belanglos diese Berichte auch gewesen sein mögen – und oft waren sie nur Fortsetzungen der Streitigkeiten, die die Konferenz zum Scheitern gebracht hatten –, die wiederholten Angriffe in der *Village Voice*-Berichterstattung lösten ebenso wie Nachrichten, die über andere Medien kamen, Diskussionen aus und lenkten die Aufmerksamkeit auf die Prostitution. Ein oder zwei Wochen lang sprach man darüber. Aber hören das die Frauen von der Straße? Lesen sie die *Village Voice*? Werden sie das hier lesen? Und werden auch sie ungeduldig, daß ihre Welt sich ändert? Eine Schriftstellerin kann nur hoffen.

New York City
Mai 1972

PS Es mag sein, daß sie im Westen früher so weit sein werden als wir im Osten. Ich habe soeben erfahren, daß Margo St. James in San Francisco und Jennifer James in Seattle für die Entkriminalisierung agitieren. Die beste Nachricht überhaupt ist das Projekt, das Margo St. James aus dem Glyde Memorial Church in San Francisco heraus organisiert. Es ist noch verfrüht, einen Erfolg vorauszusagen, aber das Gefühl der Ohnmacht lüftet sich ein wenig. Die Dinge beginnen sich zu bewegen: Vielleicht können wir doch noch die Geschichte umlenken.

Sacramento, Kalifornien
Februar 1973

1971

Meines Erachtens ist es für sich emanzipierende Bevölkerungsteile schwer, eine ihnen gemäße literarische Form zu finden. Baldwins Romane sind durchaus konventionell. Die Gedichte von Edna St. Vincent Millay und Elizabeth Barrett klingen nach Keats oder Shakespeare, es ist ein entliehener Klang; sie kostümieren sich klassisch und gebärden sich, so gut es geht, wie die besten ihrer männlichen Kollegen. Sie sagen zwar etwas Neues, aber sie sagen es auf eine alte Weise. Daß sie formal in einer Tradition stehen, macht es dem männlichen akademischen Establishment leicht, herabsetzend von ihrer Substanz zu sprechen – oder schweigend darüber hinwegzugehen. Freilich gibt es ein paar seltene Außenseiter, wie Gertrude Stein, die etwas Neues auf so neue Weise sagen, daß niemand sie versteht. Nennen wir noch Virginia Woolf, die eine klug dosierte Mischung beider Methoden bietet. Ich habe zwischen Gertrude Stein und Virginia Woolf nie wählen müssen, wenn ich es aber müßte, würde meine Wahl auf Gertrude Stein fallen.

Ich wünsche mir, daß die Frauen in künstlerischen Berufen dank der neuen Bewegung mehr Vertrauen in den Wert ihrer Kultur gewinnen (in dem Sinne, daß die Frauen eine Klasse mit eigener Subkultur bilden), mehr Achtung vor der eigenen Erfahrung und zugleich die Freiheit oder die Spontaneität, dies auf neue Weise und in neuen Formen auszudrücken. Ich betone diesen Punkt, weil ich gern sähe, daß Form und Inhalt eins werden. Und wenn wir wirklich etwas Neues sagen, dann meine ich, sollten wir es auch auf eine neue Weise sagen.

Ich habe ein ausgeprägtes Empfinden für die gespro-

chene Sprache, für das mündlich geäußerte Englisch. Und die Frauen, wie die Mitglieder jeder unterdrückten Gruppe, drücken sich durch das gesprochene Wort aus, da ihnen jede andere Ausdrucksform verwehrt ist. Wenn die renommierten intellektuellen und künstlerischen Medien – ob die traditionellen wie Dichtung und Philosophie oder die modernen wie Film und Rockmusik – sich in den Händen der Herrschenden befinden, müssen sich die Machtlosen aufs Wort beschränken. Man kann zum Beispiel bei den Schwarzen eine geradezu phantastische Begabung für den plastischen Ausdruck feststellen. Die Sprache der Frauen wurde dagegen immer bewußt trivial gehalten. Und doch habe ich in den letzten fünf Jahren, die ich in der Bewegung arbeite, einen großen Wandel festgestellt. Die Sprache der Frauen hat an Kraft und Präzision, an Klarheit und einer zunehmenden Bewußtheit gewonnen. Ich bemerke diesen Wandel ebenso in den Gesprächen der Frauen, die der Bewegung angehören, wie auch solcher, die ihr nicht angehören. Und ich führe das zu einem guten Teil auf die Rolle zurück, die die Bewegung als ein kultureller Katalysator bei sehr vielen Frauen spielt, ohne daß ihnen das immer bewußt wäre.
Hier habe ich mich bemüht, die charakteristische Sprache von vier Frauen einzufangen, wie ich sie gehört und auf Tonband aufgenommen habe. Ich war überrascht von der Beredsamkeit dessen, was da gesagt worden war, aber als ich dann die Worte zu Papier brachte, enttäuschte mich zunächst das Ergebnis. Viel von dem Witz und Temperament, die die Sprechweise der Schwarzen im Süden hat, war zugleich mit dem Akzent M's aus ihren Worten geschwunden. Bei Liz äußerten sich Aufrichtigkeit, Schmerz und Sorge bei der wörtlichen Tran-

skription in Abschweifungen und Wiederholungen. Bei J, der es schwerfiel, von Dingen zu sprechen, die für sie so schmerzlich waren, daß sie sie seit Jahren verdrängt hatte, mußte ich häufig selbst das Wort ergreifen, in der Hoffnung, ihr dadurch zu helfen, und später meine Einschübe wieder löschen. Die Niederschrift meiner eigenen Aufnahme las sich wie das Gestammel einer Analphabetin, so daß ich stellenweise auf die wörtliche Wiedergabe verzichtete und auf schriftsprachliche Formulierungen zurückgriff. Je detaillierter ich mich mit meinem Plan beschäftigte, desto mehr wurde mir klar, daß an manchen Stellen die komplexeren Möglichkeiten der geschriebenen Sprache besseres leisteten, an anderen dagegen die Ungezwungenheit des mündlichen Berichts. Bei allen vier Stimmen kostete es viel Mühe, den gesprochenen gleichsam in einen linearen Ausdruck umzusetzen, und ich weiß wohl, daß es mir nicht gelang, den Erfordernissen beider gerecht zu werden. Aber ich habe dabei viel über die Sprache gelernt: den Respekt vor dem gesprochenen Wort und die Liebe zu seinem Rhythmus. Sogar die Achtung vor dem Tonbandgerät. Denn ohne diesen Apparat, der imstande ist, den eigenen Klang der Sprache festzuhalten, wäre uns überhaupt nicht bewußt, wie ein Mensch wirklich spricht: mit all seinen Pausen, seinen Modulationen, Betonungen, nicht zu Ende gesprochenen Sätzen und plötzlichem Abbrechen. Die Nachahmung der gesprochenen Rede hat einen gräßlich affektierten Ton, und man kann Gertrude Stein nur um so mehr bewundern, da sie offenbar besonders genau zuzuhören verstanden hat.

Für meinen Plan – über die Prostitution zu schreiben – boten sich folgende Möglichkeiten an: selbst etwas zu erfinden, da ich über das Thema nichts wußte; oder

mir das Material aus Büchern zusammenzusuchen; oder aber mich auf das lange und schwierige Unternehmen einzulassen, Frauen zu suchen, die mir sagen konnten, was ich nicht wußte. Meine Entscheidung für die dritte Möglichkeit trug mir einen endlosen und quälenden Sommer ein, ausgefüllt mit Perioden der Arbeit an Text und Augenblicken der Verzweiflung, wenn ich nicht weiterkam. Obwohl ich monatelang ein merkwürdiges Unbehagen über meine mangelnde Eignung für diese Arbeit spürte, da ich noch nie eine Prostituierte gewesen bin (in dem Sinne, den man dem Wort gemeinhin gibt), gab ich am Ende doch nicht den Versuchungen meines Klassen-Schuldgefühls nach, nämlich meine Stimme oder die meiner Mitarbeiterin Liz Schneider aus dem Text herauszuschneiden. Ich habe mich im Gegenteil für eine Unterhaltung zu vieren entschieden: es sind vier sehr verschiedene Personen und ihre Stimmen vier Instrumente, die ihre unterschiedlichen Erfahrungen zum Ausdruck bringen. Ich brauchte nicht viel Phantasie, um an ein Quartett zu denken. Es ist meine Hoffnung, daß Liz und ich durch Lenkung und Präzisierung ein wenig dazu beitrugen, ein Gegengewicht zu schaffen gegen die tiefe und authentische persönliche Erfahrung, wie sie M und J in das Gespräch einbrachten.
Wenn man den Text als eine Partitur liest, höre ich J's Stimme wie die erste Geige, die mich auf meinen eigenen gewundenen Wegen anführt, dann die Stimme von Liz, durchdringend wie die Bratsche, wenn sie von ihren bitteren Erfahrungen im Gerichtssaal spricht, und schließlich den vollen vibrierenden Celloklang von M. (Falls es den Leser interessiert, was wir in diesem Jahr machen: J studiert weiter und arbeitet auf ihr Diplom hin, Liz fängt mit dem Rechtsstudium an der Universi-

tät von New York an, und M, die eine Zeitlang ein Rehabilitationszentrum für Rauschgiftsüchtige geleitet hat, wird diesen Posten aufgeben und ein College besuchen.)
Als ich unsere Texte nebeneinander sah, stellte ich mit einem kleinen Erschrecken fest, daß mein eigener Text mit einer Bemerkung über Baudelaire beginnt, der von M mit der Erinnerung an einen Polizisten, der sie, die Prostitutierte und Rauschgiftsüchtige, anspricht und mit der Hand in ihre Bluse greift. Aber das waren nun einmal die verschiedenen Ausgangspunkte, von denen aus wir an das Thema herangingen, und es wäre sinnlos, das zu leugnen. Als ich die vier Texte nebeneinander betrachtete, auf der einen Seite den von Liz und mir, auf der anderen die von J und M, die Stimmen von zwei Frauen der Bewegung, die sich hier mischten mit denen zweier Frauen, die das Leben von Prostituierten geführt hatten, und von denen jetzt die eine, J, der Bewegung angehört, die andere, M, sich anschickt es zu tun, empfand ich eine gewisse Genugtuung, daß wenigstens auf dem Papier (die Wirklichkeit liegt noch in der Zukunft und wird nicht auf dem Papier, sondern in den Gerichtssälen und auf der Straße stattfinden) Frauen zueinanderfanden, die von sehr verschiedenen Ausgangspunkten ausgingen, was die persönliche Vergangenheit wie die soziale Herkunft betrifft. Ich hoffe, daß diese Unterschiede keineswegs durch eine falsche »Verschwisterung« verwischt werden. Denn gerade unsere Unterschiede machen uns einzigartig und füreinander interessant, wenn wir uns in der Bewegung begegnen und offen diese Unterschiede anerkennen: die der Klasse, der Hautfarbe, der regionalen Herkunft und der ganzen Mannigfaltigkeit unserer Erfahrungen.

Lieben heißt den andern kennenlernen wollen. In dem Maße, wie wir fähig sind, einander kennenzulernen und voneinander zu lernen, können wir uns zu den vielen Unterschieden, die man bisher immer als einen Keil zwischen uns trieb, bekennen und sie sogar zum Teil innerlich assimilieren. Damit die Erfahrungen der Frauen allenthalben in einem gewissen Sinne ein gemeinsamer Besitz werden, ein Erbe, das wir einander weiterreichen: die Erinnerung daran, was es einst hieß, weiblich zu sein, eine Frau in einer Welt der Männer.

J

»Wie ich da reingekommen bin, das war so. Ich war gerade pleite, und Schulden habe ich nie gern gemacht. Dagegen hab ich was. Es hat mir nie gepaßt, finanziell von jemand abhängig zu sein. So war ich schon immer. Und da passierte es, daß ich mir von jemand zehn Dollar lieh, und da wurde mir auf einmal klar, daß ich die nie zurückzahlen konnte. Ich wußte einfach nicht, wie ich sie ihm je zurückgeben sollte. Außerdem war es ein Mann, mit dem ich geschlafen hatte. So bin ich da reingekommen. Ich sagte mir, scheiß drauf, ich habe keine Lust, länger arm zu sein. Vorher war ich nie arm gewesen, ich war einfach nicht daran gewöhnt. Ich hatte gerade mit meinem Studium angefangen, mit einem Stipendium. Meinem Vater ging es damals geschäftlich so schlecht wie seit Jahren nicht. Er konnte mir nichts geben. Sonst hätten sie zu Hause wer weiß was angestellt, um mir Geld zu geben – besonders wenn sie gewußt hätten, wie ich es mir nun verschaffte.

Ich ging also auf den Strich. Übrigens, das, was das Eis gebrochen hatte, lag schon ein paar Jahre zurück. Es war bei einem Konzert von Miles Davis. Davis spielte in einem Klub, und draußen stand jemand, der mich mit reinnehmen wollte. Er fragte mich, ob ich rein wolle. Ich wußte aber gleich, wenn ich mit dem ging, mußte ich nachher mit ihm schlafen. Aber ich dachte, die Sache ist es wert, ich wollte Miles Davis hören. Der Mann interessierte mich gar nicht, ich wollte nur das Billet haben, um reinzukommen. Ich war mir klar, das war Prosti-

tution, ich konnte mich nicht selbst beschwindeln. Als es nach ein paar Jahren soweit war und ich ganz abgebrannt war, hatte ich keine Hemungen mehr.
Ich hatte schon mit jemand gesprochen. Ich wohnte damals in einem Einzimmer-Apartment in der Fünfundneunzigsten Straße, und eines Abends begegnete mir unten in der Halle die Frau, mit der ich gesprochen hatte. ›Ich geh heute abend anschaffen‹, sagte sie. Allein, ohne wen zu kennen, hätte ich nie damit anfangen können. Aber man lernt so schnell jemand kennen, wenn man im Geschäft ist oder rein will. Sie wollte mich also mitnehmen und mir zeigen, wie man es macht und wie man sich vor der Polizei in acht nimmt und so weiter.
Ich ahnte damals nicht, daß ich wirklich eine Masse Geld anschaffen würde. Sie sagte, ich solle fünfzehn Dollar verlangen. ›Aber sei auch mit zehn zufrieden, wenn du mußt, und wenn du ganz am Ende bist, geh bis auf sieben runter.‹ So schlenderte ich nun langsam auf meinen hohen Absätzen über die Zweiundsiebzigste Straße. Sicher sah ich sehr unerfahren aus, denn keiner sprach mich an. Ich marschierte bis vier Uhr früh und endete ganz erschöpft in einem Café. Ich war den ganzen Weg von der Fünfundneunzigsten Straße bis zur Zweiundsiebzigsten gelaufen und war nun in dem Café *The Laundry Chute* gelandet. Ich weiß nicht, ob sich noch jemand daran erinnern kann. Es liegt ja alles schon so lange zurück. Aber es war richtig nett damals. Lauter Linksleute, Folklore-Sänger und so, ich mag das gern. Doch dann sagte ich mir, du mußt wieder auf die Straße und ein bißchen Geld anschaffen. Ich hatte mich groß aufgetakelt und war entschlossen anzufangen. Ich machte mich wieder auf den Weg, jetzt in umgekehrter Richtung. Da kam so einer in einem grauen Wagen, und

ich stieg gleich ein. Ein bißchen Angst hatte ich wohl, als ich in seinen Wagen stieg. Ich wußte nicht, was er vorhatte. Ich glaube, ich nahm ihn in mein Zimmer mit, und wenn ich mich nicht irre, gab er mir zehn Dollar. Vielleicht hatte ich ihn um fünfzehn gebeten, ich weiß heute nicht mehr, wie alles vor sich ging. Aber er war sehr nett. Ich glaube, er schrieb sich sogar meine Telefonnummer auf. Ich weiß nicht mehr, was wir gemacht haben – im Bett, meine ich. Ich erinnere mich auch nicht, ob er der war, der mir meine Miete zahlen wollte. Ich weiß nur, einer wollte mir unbedingt die Miete zahlen.

In der Erinnerung kann ich keinen Kunden vom andern unterscheiden, nur an die beiden ersten erinnere ich mich gut. Die andern sind wie eine graue Masse. Ein paar ragen aus der Masse heraus, wie der, der mir den ungedeckten Scheck gab. Ich war durch ein Mädchen an ihn gekommen, das sich auch mit Schecks bezahlen ließ. Ich nahm sonst nie Schecks an, ich war ja nicht blöd. Aber mal macht man eben eine Ausnahme. Außerdem gibt es Männer, die bei Callgirls immer mit einem Scheck zahlen, und ihre Schecks sind immer in Ordnung.

Manche Männer besuchen uns immer mal wieder, weil sie nicht das Geld haben, ein Callgirl ganz auszuhalten. Sie können wöchentlich nur zehn oder zwanzig Dollar aufbringen, deshalb kommen sie wieder, weil sie sich etwas anderes nicht leisten können. Ich glaube nicht, daß ihnen ernstlich daran so sehr gelegen ist, an einem festen Verhältnis. Das wird nach und nach so etwas wie eine Geschäftsbeziehung, wie mit dem Mann vom Lebensmittelladen von nebenan.

Einer wollte mir dafür Geld geben, daß ich ihn schlug.

Beim bloßen Reden davon werde ich geil. Ich hätte nie gedacht, daß ich einmal Lust haben könnte, jemand zu schlagen, aber als ich es dann tat, da merkte ich, wie gern ich das machte. Ich habe da etwas über mich selbst erfahren, nämlich, daß ich dabei Lust empfand. Aber das hatte nichts mit Sex zu tun, es war gar keine sexuelle Erregung dabei. Ich glaube, ich rächte mich damit nur an allen Männern, die mir je etwas Böses getan hatten. Ich bin nie sexuell erregt, wenn ich mit einem Kunden zusammen bin. Mit einer Frau habe ich noch keine erotische Beziehung gehabt. Jetzt bin ich wohl so etwas wie ein Neutrum geworden. Ich habe mit niemandem mehr sexuelle Beziehungen.

Damals aber gab es für mich noch Jungens, mit denen ich gern schlief. Aber sobald mir jemand dafür Geld gab, änderte das alles; es hatte nichts mehr mit dem anderen zu tun. Wenn sie mir Geld geben, werden sie für mich etwas anderes. Es könnten die nettesten Kerle der Welt sein, aber es ist etwas anderes. Man kann nicht Geschäft und Vergnügen miteinander vermischen. Ich mache einen gewaltigen Unterschied zwischen Liebe und Geld. Ich empfinde bei einem Mann, der mich bezahlt, keine sexuelle Erregung. Bewußt fühlte ich mich niemals erniedrigt, wenn mir jemand Geld gab, aber Verlangen, Zuneigung oder Anteilnahme am anderen – das alles fehlte.

Außerdem, wenn man auf den Strich geht, muß man jeden nehmen, der kommt, egal, wie er aussieht, wenn er nur einigermaßen sauber ist. Nach dem ersten Mal bin ich nicht mehr auf die Straße gegangen. Ich habe es nicht nötig, jeden x-beliebigen zu nehmen. Und wenn einer von mir etwas verlangt, was mir nicht paßt, dann kann ich das ablehnen. Ich kann ablehnen, wen ich will,

weil es ja so viele gibt. New York wimmelt von scharfen Männern. Und, was sehr wichtig ist, ich war niemals von einem Mann allein abhängig.
Ich hatte immer Angst, wenn ich zu jemandem in den Wagen stieg. Man hatte mir von Frauen erzählt, die Sadisten in die Hände gefallen waren, aber mir ist das nie passiert. Und ich habe auch Frauen mit grünen und blauen Flecken gesehen, die waren von ihren Zuhältern verprügelt worden. Aber ich habe nie von einer gehört, die von einem Freier geschlagen worden wäre. Auf der Straße ist das natürlich etwas anderes. Da muß man jeden nehmen. Auf der Straße treibt sich alles mögliche herum, und man ist dem Kerl, egal, was er für ein Laster hat, gewissermaßen ausgeliefert. Nach dem ersten Mal habe ich meine Bekanntschaften immer nur durch persönliche Beziehungen gemacht, aber das erste Mal war es ein Mann im Auto. Er war schon älter und hatte graues Haar, und sein Wagen war auch alt und grau. Ein Zehn-Dollar-Freier. Danach bin ich nicht mehr auf die Straße gegangen, denn ich arbeitete noch als Kellnerin und bekam meine Adressen von Nr. Achtzig Warren Street. Michael Harrington spricht in seinem Buch *The Other America* über Nr. Achtzig Warren Street. Es ist eine Stellenvermittlung für Kellner und Kellnerinnen, Köche, Köchinnen und so weiter. Ich ging eines Tages hin, um mir eine Arbeit zu suchen. Ich brauchte einen Job für den Samstag, und es war schon Freitag nachmittag. Es war also nichts zu haben, und ich stand noch ein bißchen ratlos herum. Da kam ein Mann, der suchte auch einen Job. Er wollte mich mitnehmen. Es wurde eine ganz wilde Geschichte, aber am Ende landete ich wieder in Brooklyn. Er wollte mich nicht kaufen. Ich hatte Angst, es könnte ein Polizist oder so was

sein. Er war eigentlich sehr nett, ein Schwarzer. Er wollte mit mir eine Abmachung treffen, nach der er mich einmal in der Woche besuchen und zwei Nummern mit mir machen würde. Worauf es ihm ankam, war das Zweimal – für zwölf und einen halben Dollar. Außerdem wollte er mir die Miete zahlen. Aber zweimal, das heißt, er nimmt dich zweimal vor. Das ist ein sehr schlechtes Geschäft, weil es beim zweitenmal eine Ewigkeit dauert, bis sie fertig werden. Deswegen hab ich auf die Sache verzichtet.

Meine nächste Bekanntschaft muß ich wohl im Autobus gemacht haben. Ich stieg an der Hundertundzweiten Straße aus, und da sprach mich jemand an. Ich glaube, ich war vorher in einer Bar gewesen und hatte versucht, jemand aufzutun. Mir ist nur ganz vage in Erinnerung, wie sich alles zugetragen hat. Jedenfalls nahm ich diesen Kerl mit in die Wohnung, und er gab mir fünfzehn Dollar. Es war auch ein Schwarzer, und er sagte, er könne mir helfen. Er machte mich mit einer Dame bekannt, die im Geschäft war und mir alles erklären sollte. Das war die Frau, mit der er zusammenlebte. Aber er war kein Zuhälter. Er war im Gegenteil ein prachtvoller Mensch. Ihm gehörte eine Lotterie, ein Zahlenlotto, und die Frau, mit der er lebte, war eine Hure, und sie lebten zusammen. Er war ein richtig guter Kerl. Ich kann nichts Schlechtes dabei finden. Sie hatte einen Freund, mit dem sie schlief, weil es ihr gefiel. Das war alles. Später verließ sie ihn. Für mich war er der Betrogene, im Ernst. Und dieser Mann hat mir viel Gutes getan und mir eine Menge Beziehungen verschafft. Eine Zeitlang war er mein Freund. Immer tat er etwas für mich, gab mir Geld oder verschaffte mir Beziehungen. Wenn ich ihn traf, gab er mir mit den

Adressen auch Geld. Er war kein Blender, ganz und gar nicht. Aber andererseits war er es doch. Er war mit allen Wassern gewaschen und verstand es großartig, die Leute reinzulegen. Im Grunde habe ich ihn nie richtig gekannt. Aber das Zusammensein mit ihm war so amüsant, und er war ein so anständiger Kerl. Er war schon etwas älter, ungefähr Sechsundvierzig, und war mit Unterbrechungen vierzehn Jahre im Gefängnis gewesen. Für alles mögliche. Das machte ihn so schwer durchschaubar. Ich habe nie richtig gewußt, wie er war. Ich habe ihn nie ohne Maske gesehen. Doch, er war weich, aber wie er wirklich war, weiß ich nicht. Weich, auf seine Weise.

Aber da passierte mal etwas. Ich habe es wohl verdrängt, weil ich ihn als anständigen Kerl in der Erinnerung behalten wollte. Weil er ein Schwarzer ist, muß er noch kein Schwein sein. Aber ich habe auch nicht die Komplexe, die die liberalen Weißen haben. Schwarze können abscheulich sein. Ich habe mehr schwarze Scheißkerle gesehen als sonst was, und fast jeder Zuhälter in der Stadt ist ein Schwarzer. Es gibt nur wenige Weiße darunter. Ich habe also das, woran ich denke, nicht deshalb verdrängt, weil er ein Schwarzer ist. Ich wollte nur mein gutes Bild von ihm bewahren. Wenn ich jetzt darüber nachdenke – natürlich weiß ich nicht, ob da nicht ein bißchen Verfolgungswahn bei ist – passierte in der Zeit unserer Bekanntschaft einmal etwas Merkwürdiges. Ich meine, als ich ins Gefängnis kam. In der Nacht, in der sie mich holten, war er nicht in der Gegend. Ich machte mir mehr Sorge um ihn als um mich. Sie nahmen auch ihn fest, und ich hatte Angst, er würde eine Gefängnisstrafe bekommen. Aber in Wirklichkeit passierte ihm nichts, er kam frei. Und es könnte ja sein, daß er dadurch freikam, daß er mich denunzierte. Ich konnte es natürlich nicht wissen, weil wir jeder an einem andern Ende der Stadt wohnten, er in der Innenstadt, ich in der Vierzehnten Straße. Ich kam erst später auf den Gedanken. Ich fragte mich, warum ich verhaftet worden sei und wer mich angezeigt haben könnte. Ich wußte aber niemand sonst, der dafür in Frage kam. Einer hatte mich angezeigt, und das konnten nur zwei Personen getan haben – dieser Mann und eine Frau, und die Frau war vor mir verhaftet worden. Möglich, daß sie mich denunziert hat, um selbst nicht verurteilt zu werden, aber dieser Mann hatte fest damit gerechnet, ins Gefängnis zu müssen. Und deshalb war ich so überrascht, als ihm das erspart blieb. Er hatte sogar einmal wegen Mord gesessen. Ich weiß nicht, ob er wirklich jemand umgebracht hat. Ich habe es nie erfahren, er hat mit mir nicht darüber gesprochen. Aber ich glaubte, daß es stimmte. Er hätte ja auch gute Gründe dafür haben können, nicht wahr. Damals dachte ich nicht daran, aber er hätte ja auch mich umbringen können, wenn er schon mal einen umgebracht hatte. Aber damals dachte ich nicht daran. Er machte auch keinen besonders gewalttätigen Eindruck, nicht mehr als die meisten Männer. Ich glaube, ich habe seine Verbrechen etwas zu sehr in einem romantischen Licht gesehen. So bildete ich mir immer ein, daß er in Notwehr getötet habe. Aber ich habe ihn nie gefragt, und deshalb kann ich es nicht wissen.

Er verdiente sein Geld mit seinem privaten Zahlenlotto. Aber das war mir egal. Nur einmal machte er etwas, das gab mir einen Stich. Das war, als er plötzlich ein Würfelspiel abbrach und den Einsatz vom Tisch weg stahl. Es war das Geld von ein paar armen Schwarzen.

«Er verdiente sein Geld …

... mit seinem privaten Zahlenlotto. Aber das war mir egal.» Das ist erstaunlich, denn erfahrungsgemäß verlieren Glücksspieler auf die Dauer, es sei denn, ein gehöriges Maß an corriger la fortune gehört zu ihrem Handwerk.

Wem es nicht egal ist, daß die Quellen seiner Einnahmen außerhalb der Legalität liegen und auch noch dem Zufall überlassen sind, der wird statt einer Spielhölle lieber eine Halle aufsuchen, in der man sein Glück auch korrigiert, aber auf höchst legale Weise.

Natürlich ist das Lotto ein Geschäft, das auch auf dem Rücken armer Schwarzer ausgetragen wird. Aber erst heute weiß ich, was für ein Ausbeuter er war. Doch damals wollte ich ihn einfach nur nett finden.

Wenn Prostituierte über andere Frauen herziehen, zum Beispiel über die verheirateten Frauen, ist das im Grunde nur ein Akt der Selbstverteidigung. Die Prostituierten glauben, daß Hausfrauen sehr moralistisch sind und dabei genau wissen, daß sie von ihren Männern betrogen werden. Ihre Männer betrügen sie, indem sie mit uns zusammen sind. Aber wir sind wirklich keine Gefahr für sie, ganz gewiß nicht. Mir würde es nichts ausmachen, wenn ich einen Mann hätte, der zu einer Hure geht. Wenn er dagegen ein Verhältnis hätte, würde mich das beunruhigen. Wenn er sich in eine andere Frau verliebt hätte und wenn das eine ernste Sache wäre, dann sähe ich eine Gefahr. Der Unterschied zwischen einer Prostituierten und einer Ehefrau liegt in der Sicherheit, die die Ehefrau hat. Ein weiterer Unterschied besteht darin, daß die eine es mit einer Menge von Männern, die andere nur mit einem zu tun hat. Wenn man viele Männer hat – zum Beispiel zehn an einem Tag – ist man nicht von *einem* abhängig. Sie sind jederzeit zu ersetzen. Wenn dich einer ärgert, kannst du einfach sagen ›hau ab‹. Das kann man nicht, wenn man verheiratet ist, und auch nicht, wenn man sich von einem Mann aushalten läßt. Denn selbstverständlich darf man auch nicht von einem einzigen Kunden abhängig sein. Wenn an der Börse die Kurse purzeln, ist es dasselbe wie in jeder anderen Branche. Aber das habe ich mir ja immer gewünscht: von niemandem abhängig zu sein. Nur einmal bin ich die ganze Nacht mit einem

Freier zusammengewesen und habe nicht einmal mit ihm zum Essen ausgehen wollen.
Meistens wundert sie das – sie wollen einen zum Essen ausführen, wollen sich mit dir unterhalten und die Rolle eines Liebhabers spielen. Vielleicht wollen sie das auch sein. Manche Männer wollen das wirklich – unsere Liebhaber sein. Sie verlieben sich in uns. Man kommt da in eine schwierige Situation. Ich habe das nie gemocht. Denn damit wurde eine Grenze überschritten, und es war nicht mehr ein Geschäft. Und es *blieb* doch ein Geschäft, und nicht Liebe.
Unsere Kunden sind Männer, die sich gern selbst bemitleiden. Sie kommen einem zum Beispiel damit, daß sie von ihrer Frau nicht verstanden werden, und verständnisvoll hören wir ihnen zu. Oder sie erklären uns, was wir doch für fabelhafte Kameraden sind. Na, und das ist ein herrliches Gefühl, wenn man hört, was man für ein prächtiger Kumpan ist. Einen Augenblick meint man, etwas Besonderes zu sein, jedenfalls keine Hure. Also, wenn mir einer sagt, ich wäre was Besonderes, habe ich immer Lust, ihm zu antworten: ›Ich bin eine ganz gewöhnliche Hure. Also laß den Unsinn, Schatz‹. Oder dann die alte Tour: ›Wie ist es nur möglich, daß ein so nettes Mädchen wie du auf diese Bahn gekommen ist?‹ Das bekommt man wirklich sehr oft zu hören, und besonders von Gebildeten oder von bürgerlichen Männern. Manchmal sagen sie einem dann, daß man doch in Wirklichkeit gar keine Hure sei. Ich hatte da einen – es liegt jetzt einen Monat zurück –, mit dem ich es einfach nicht mehr aushielt. Er kam jede Woche oder alle vierzehn Tage, und er hat mir eine Masse Geld gegeben. Jedesmal, wenn ich mit ihm zusammen war, gab er mir so ungefähr sechzig Dollar, und wir waren immer eine

Stunde zusammen. Er war schon sehr, sehr alt, so an die Siebenundsechzig. Er hatte sich verliebt in mich, und immer wieder sagte er mir: ›Du bist keine Hure.‹ Der arme Mann, so brav und altmodisch. Mit so einem muß man direkt Mitleid haben.

Und oft bekommt man zu hören: ›Ich möchte sie ja verlassen, aber wenn ich mich scheiden lasse, kriegt sie mein ganzes Geld.‹ Und dann jammern sie wegen der Unterhaltszahlungen. Ich halte nichts von Unterhaltszahlungen für die Frau, aber viel von den Alimenten für die Kinder. Aber wenn man sich die Sache dann mal etwas genauer ansieht, dann ist das meistens auch alles, was sie zahlen, wenn überhaupt. Und die Frau, der die Sorge um die Kinder überlassen bleibt, tut dem Mann noch obendrein einen Gefallen. Denn wenn sie die Kinder allein aufzieht, erledigt sie seine Arbeit mit; an einem Kind sind schließlich immer zwei beteiligt.

In einem Idealstaat gäbe es keine Prostitution. Aber sie wäre noch denkbar unter einem Regime, das irgendwo in der Mitte zwischen dem liegt, das wir jetzt haben, und dem idealen Staat. In einem gewissen Sinn kann sie sogar als ein Dienstleistungsgewerbe gelten – als sexuelle Bedienung. Aber unter den heutigen Umständen sehe ich in ihr ein Symptom, ein Symptom für unser Sexualleben hier und heute. Ich meine, solange die Ehe obligatorisch ist und die Familie eine Pflicht, wird es auch eine Prostitution geben. Wenn ich einen Mann hätte, der sich mal eine Abwechslung wünscht, dann wäre es mir lieber, er geht zu einer Prostituierten, als daß er eine Geliebte hätte. Das ist mein Komplex – ich bin auf Besitz aus. Ich habe diesen ausgesprochenen Besitzinstinkt und leide unter einem Gefühl der Unsicherheit. Wenn ich doch nicht selbst so monogam veranlagt

wäre – ich finde das idiotisch. Aber Monogamie und Prostitution passen zusammen. Es gibt so viele einsame Frauen in New York, Frauen, die in Bars herumsitzen und nichts lieber täten, als mit einem Mann in ihre Wohnung zu gehen, es mit ihm zu treiben und ihn gut zu bewirten. Sie täten es gern. Doch statt dessen gehen die Männer zu den Prostituierten in der Siebenten Avenue, der Siebenundfünfzigsten Straße und auf dem Broadway, weil eine Hure kein Klotz am Bein werden kann. Und wenn ein Mann verheiratet ist, spielt das eine Rolle. Er riskiert sogar, daß sie krank ist, wenn es eine von der Straße ist. Aber dafür gibt es bei ihr keine Probleme, keine Schwierigkeiten.
Ich weiß nicht, warum ein Mann mit einem Mädchen von der Straße geht, es sei denn, er hat gar keine Beziehungen und Bekanntschaften. Dabei muß er immer damit rechnen, daß ihn das Mädchen beraubt. Ich verstehe wirklich nicht, warum sie sich ein Mädchen von der Straße holen. Es muß wohl deshalb sein, weil die nichts von ihnen verlangen, nicht mal, die ganze Nacht zusammenzubleiben. Und der Mann braucht kein Theater zu spielen, keine Verführungsszene oder so was aufführen. Da liegen die Karten auf dem Tisch. Und wenn es zum Beispiel ein Mann ist, der sich um seine Männlichkeit Sorgen macht, geht er bei einem Mädchen, das so was umsonst macht, ein Risiko ein. Denn er weiß ja vorher nicht, ob sie ihn fertig werden läßt oder nicht. Vielleicht muß er es mit verschiedenen Touren versuchen, um fertig zu werden. Und vielleicht läßt er sich das Zeit und Geld kosten. Und eine Prostituierte kann nicht gut sagen: ›Ich blase nicht.‹ Sie muß tun, was er sagt, oder der Handel gilt nicht mehr. Ein Mädchen, das er auf andere Weise kennengelernt hat, braucht das

nicht. Natürlich hat er mit ihr auch einen Vertrag, von dem Augenblick an, in dem er sie mitnimmt, auch wenn dabei keine Worte fallen. Aber wenn sie es am Ende mit der Angst zu tun bekommt, dann war es eben für den Mann verlorene Zeit und Mühe. Dagegen bei einer Hure riskiert er rein gar nichts. Irgendwie aber zahlt man für alles im Leben.

Aber das, was sie kaufen, ist, wenn man so will, Macht. Sie erwarten von uns, daß wir ihnen etwas zu Gefallen tun. Sie können uns sagen, was wir zu tun haben, und von uns wird erwartet, daß wir ihnen angenehm sind und ihren Befehlen folgen. Selbst wenn man es mit einem Masochisten zu tun hat, der selbst am Gehorchen seine Lust findet, gehorchen wir *seinem* Befehl, ihm Befehle zu geben. Die Prostitution erniedrigt nicht nur die Frauen, sondern auch die Sexualität, ja sie erniedrigt den Sex. Oft konnte ich den Kunden nicht verstehen. Ich konnte nicht verstehen, was er davon hatte, weil ich selbst merkte, daß ich nichts gab. Was er von mir bekam, war nichts. Ich habe mich nie in seine Lage versetzen und mir vorstellen können, selbst zu tun, was er tat. Ich dachte, es müßte demütigend sein, jemand zu kaufen und gezwungen zu sein, ihm Geld zu geben. Ich sagte mir, der arme Kerl muß es sich kaufen, und er tat mir leid. Er muß es wohl sehr nötig haben. Aber dann dachte ich, er könnte es gar nicht so nötig haben, daß er mich deswegen kaufen mußte. Was er in Wahrheit wollte, war etwas so Besonderes, daß man es nur durch Kauf bekommen konnte. Daß jemand einen andern Menschen kauft, darin habe ich nicht immer eine Anmaßung gesehen, weil ich mich doch nicht so sehr dem Kunden ausgeliefert fühlte. Ich hatte das Gefühl, selbst der Boß zu sein, weil ich zu dem Geschäft nein sagen konnte. Ich wollte auch nicht von jemandem ausgehalten werden, denn das hätte auch wieder Abhängigkeit bedeutet. Wenn man mit einem andern zusammenlebt – als ich mit jemandem zusammenlebte, fühlte ich mich wirklich kontrolliert. Dann kann man nicht nein sagen. Als ich mit andern zusammenlebte, als ich mit Männern zusammenlebte, da spürte ich wirklich, daß sie Macht über mich hatten, weil ich ihnen nicht nein sagen konnte. Denn dann hätte ich sie verlieren können und damit mein ganzes Leben – die Rechtfertigung meines Lebens.

Und bei den Männern, mit denen ich zusammenlebte, war es nicht einfach Sex, womit sie mich beherrschten. Sie kommandierten mich herum, machten Eifersuchtsszenen um nichts und wieder nichts. Da war einer – an den muß ich immer denken. Wenn von männlichem Chauvinismus die Rede ist, denke ich an ihn. Es ist ein Schwarzer. Und er hat mich tatsächlich aus dem Geschäft herausgeholt. Er sagte: ›Entweder hörst du damit auf, oder ich gehe.‹ Da hörte ich auf, und so bin ich da wieder rausgekommen. Es war also ein *Mann*, der mich da herausgeholt hat. Hinein war ich allein gekommen.

Als Prostituierte fühlte ich mich den Männern gegenüber freier, als wenn ich verheiratet gewesen wäre oder auch sonst mit einem Mann zusammenlebte. Weil der Kunde nicht die ganze Zeit da ist. Bloß eine halbe Stunde und fertig. Und dann kommt wieder ein anderer. Da können sie einen wirklich nicht tyrannisieren. Man bekommt nicht dieses Gefühl von Ohnmacht, wie wenn man jemand liebt und Angst hat, ihn zu verlieren. Wenn man eine Hure ist, und ein Mann weist einen ab und sagt, er möchte mit einem anderen Mädchen zu-

sammen sein, dann gehört das einfach zum Geschäft. Deswegen vor allem kommt er ja her – weil er eine Abwechslung haben möchte. Wenn es ein Geschäft ist, hat man mehr Sicherheit, viel mehr Sicherheit.
Wissen Sie, oft war es gar nicht mal so, daß der Mann von selbst alles an sich reißen und über mein Leben bestimmen wollte. Aber ich erlaubte es ihm. Ich weiß nicht, ob ich heute noch so bin. In letzter Zeit habe ich es nicht mehr ausprobiert. Aber damals habe ich sie eher ermuntert dazu, sie brauchten es selbst gar nicht mal zu wollen. Vielleicht hat es manchmal den Mann sogar gestört, vielleicht hätte er es lieber gesehen, wenn ich etwas selbständiger gewesen wäre.

Ich glaube, man darf unter den Gründen, durch die Frauen zur Prostitution getrieben werden, den ökonomischen Faktor nicht übersehen. Auch ein Call-Girl könnte mit einer normalen Arbeit nicht so viel Geld verdienen wie mit der Prostitution. Alle sind wegen des Geldes Prostituierte geworden. Bei den meisten Call-Girls in Uptown handelt es sich nicht um die Wahl zwischen Leben und langsamem Hungertod, sondern zwischen fünftausend und fünfundzwanzigtausend Dollar im Jahr oder zwischen zehntausend und fünfzigtausend Dollar. Das ist ein ganz hübscher Unterschied. Man kann sagen, sie haben sich für dieses Geschäft entschlossen wegen der Differenz von vierzigtausend Dollar pro Jahr. Ein Geschäftsmann würde das so ausdrücken. Ein Geschäftsmann würde auch allerlei tun, um vierzigtausend Dollar im Jahr mehr zu haben. Call-Girls werden Kapitalisten und denken wie Kapitalisten. Andererseits kann man auch nicht behaupten, ein Call-Girl habe sehr viele andere Möglichkeiten, sich einen ausreichenden Lebensunterhalt zu verdienen. Selbst mit dem Abgangszeugnis einer höheren Schule hat sie kaum Aussicht, mehr als fünf- bis sechstausend Dollar im Jahr zu verdienen, wenn sie nicht Prostituierte wird. Für eine Frau ist es sehr schwer, gut zu verdienen, und ihr stehen keine großen ökonomischen Möglichkeiten zur Wahl. Das gilt auch für das Call-Girl. Was aber die Frau angeht, die irgendeiner Minorität angehört – die arme Frau –, die auf den Strich geht, so hat sie überhaupt keine Wahl gehabt.

Bei weißen Frauen kann man im allgemeinen nicht behaupten, ihnen sei außer der Prostitution keine andere Wahl geblieben. Sie haben die Wahl. Aber es ist die Wahl zwischen Arbeiten für andere und der Arbeit für sich selbst. Arbeiten auf eigene Rechnung, mit der Hoffnung, viel Geld zu verdienen. Das ist die Wahl. So gesehen, ist die Prostitution eine Art von Laissez-faire-Kapitalismus. Aber psychologisch gesehen, ist sie auch eine Sklaverei. Und sie ist Feudalismus dort, wo für Gegendienste der Schutz eines Zuhälters akzeptiert wird. Wenn man einmal von den Frauen absieht, denen es so schlecht geht, daß sie buchstäblich keine andere Wahl haben – wie es ja bei manchen der Fall ist –, dann handelt es sich darum, zwischen einem bescheidenen mittleren und einem wirklich guten Einkommen, einer Masse Geld, zu wählen. Viele Huren sind süchtig, und das kostet viel Geld. Für Rauschgiftsüchtige gibt es kaum eine Wahl. Für die ist eine Entziehungskur die einzige Alternative, und das ist eine harte Sache. Übrigens, ein Süchtiger, der sich von der Droge frei gemacht hat, wäre ja kein Süchtiger mehr. Aber auch die Prostitution ist eine Art Sucht. Es ist die Sucht nach Geld. Ich habe sie gespürt.

Das Schlimmste an der Prostitution ist, daß man nicht nur Sex verkauft, sondern auch seine Menschlichkeit. Ja, das ist das Ärgste: man verkauft seine Menschenwürde. Nicht so sehr im Bett, als dadurch, daß man den Handel abschließt – daß man sich kaufen läßt. In den Augenblicken, wo ich mit ihnen sprechen mußte, wo ich mich erniedrigte vor ihnen, nur indem ich mit ihnen sprach, fühlte ich mich wirklich als Hure. Deswegen lasse ich mich nicht gern von ihnen ins Restaurant führen und bleibe nicht die Nacht mit ihnen zusammen. Denn wenn sie zum Beispiel damit anfangen, ihre Meinung über die ›Nigger‹ zu sagen, dann kann man nur ›oh ja‹ sagen und ihnen recht geben. Das ist das, was ich einfach nicht ertrug. Solche Dinge. Da hatte ich wirklich das Gefühl, ihnen den Arsch zu lecken – *mehr* als wenn ich es in Wirklichkeit tat. Da fühlte ich mich tatsächlich als Hure. Das ist das Erniedrigendste – ihnen immer recht geben zu müssen, weil man von ihnen gekauft ist.

Deswegen kann man auch nicht einfach sagen: Die Prostitution ist ein Dienstleistungsgewerbe. Denn man verkauft nicht einen Dienst, sondern seine Seele. Im Berufsleben verkauft man auch seine Seele, und deswegen zerstört das Geschäft den Menschen – was würden Sie empfinden, wenn Sie armen Leuten ein Konversationslexikon andrehen? Aber in der Prostitution steckt eine besondere Demütigung – die Vorstellung, als sei Sex etwas Schmutziges, etwas, was Männer nur mit einem Geschöpf niederen Standes machen könnten. Das hat eine Art Hochmut und Verachtung zur Voraussetzung und so etwas wie das Gefühl, über einen andern Menschen zu triumphieren. Männer, die bei ihren Frauen keinen Ständer kriegen, bekommen ihn bei einer Hure. Dafür

zahlen sie. Bei manchen von ihnen ist der Akt des Bezahlens sehr wichtig.
Aber bei vielen fühlte ich mich nicht erniedrigt. Bei den meisten nicht. Sonst wäre ich nicht dabei geblieben. Nur bei manchen, bei Südstaatlern zum Beispiel. Sie waren furchtbar. Und manche Männer haben so etwas, ich meine, in ihrer Art zu ficken. Sie stützen sich mit ihrem ganzen Gewicht auf einen und stoßen einem ihre Knochen ins Fleisch. Sicher ist es ihnen selbst gar nicht bewußt. Mir ist das besonders bei Südstaatlern aufgefallen. Sie taten mir weh. Und sie müssen immer all diese Wörter gebrauchen – die sie bei ihren Frauen nicht sagen dürfen, sie decken uns zu mit ihrer gemeinen Sprache. Und mit ihrem Zorn. Das war auch etwas, was ich nicht mochte. Wenn man als Prostituierte arbeitet, braucht man – um damit fertig zu werden – eine Art Schutzpanzer. Irgendwie muß man abschalten können. Mit Hilfe von Drogen oder bloß mit Willenskraft.
Ich glaube, die Überzeugung, daß Frauen schmutzig sind, daß ihre Geschlechtsteile schmutzig sind, hat sich tatsächlich in uns festgesetzt. Ich glaube, daß ich es deshalb nicht mag, wenn ein Mann mich unten küßt. Weil ich denke, daß ich schmutzig bin. Ich mag es einfach nicht, weil ich mir einbilde, daß ich schmutzig bin – und sie nicht. Vielleicht pflegen sie sich. Sehr viel geht auf diese Vorstellung von unserer Unsauberkeit zurück – so wenn ich mir etwa dauernd Spülungen machte. Manche Männer haben es gern, wenn man schmutzig ist. Einer sagte mir mal: ›Ich hätte es gern, wenn du mal eine Woche lang keine Spülungen machst.‹ Sie wollen einen unten küssen und, noch etwas, sie wollen, daß es einem kommt. Wieder etwas, was mir unsym-

pathisch war. Jetzt bin ich mit einemmal bei all den Dingen, die mir unsympathisch waren. Jetzt komme ich richtig rein. Ich weiß, es war mir eklig, und ich möchte es nicht noch einmal erleben. Mit das Schlimmste war, daß man so tun mußte, als ob. Da mußte man den Orgasmus vorspielen. Sie erwarten das als Beweis für ihre Männlichkeit. So schwindeln müssen, das heißt wirklich eine Hure sein. Ich weiß nicht, wie sie das glauben können. Ich kann mir nicht vorstellen, wie der Kunde das glauben kann. Manche von denen, die ich hatte, waren noch unverheiratet – hübsche Kerle, mit einer Masse Geld, die jeden Tag eine Frau gefunden hätten. Sahen großartig aus und hatten klotzig viel Geld. Wollten aber nicht heiraten und gingen lieber zu einer Hure. Die hatten nur die eine Angst, sich zu binden, denn dann gibt man etwas von sich auf.

Als ich aufhören wollte, gab es da unter anderem einen Punkt, der es für mich sehr schwierig gemacht hätte, dabei zu bleiben: ich wollte mich nämlich verheiraten. Das war einer der Gründe, warum ich aufgehört habe – ich glaubte, bald zu heiraten. Man kann nicht dabeibleiben, wenn man heiraten will, ausgenommen, man heiratet einen Zuhälter, der einen für sich arbeiten läßt. Ich glaube, das Ärgste an der Prostitution war für mich, daß es meine Beziehung zu den Männern verdarb. Es ist sehr schwer, einen Mann zu finden, der sich damit abfindet, daß man öffentliches Eigentum ist. Entweder verlangen sie, daß man aufhört, oder sie wollen einem das ganze Geld abnehmen, und es gibt nur sehr wenig Männer, die nicht unter eine der beiden Kategorien fallen. Die meisten von denen, die mir gefielen, wollten, daß ich aufhöre. Die andern wollten mein

Geld. Die einzigen Ausnahmen, die mir begegneten, waren Gangster. Und die Männer, die verlangen, daß man aufhört, wollen eine treue Frau, sie fühlen sich betrogen, wenn man sich prostituiert. Sehr wenige Männer können verstehen, daß eine Frau, die es für Geld macht, innerlich überhaupt nicht beteiligt ist. Aber *sie* dürfen herumhuren, ohne daß es etwas für sie bedeutet. Doch sie können nicht verstehen, daß eine Frau es für Geld tut, ohne etwas zu empfinden. Sie glauben, man betrüge sie, und das können sie nicht ertragen. Und der Mann, der von uns fordert, damit aufzuhören, sieht in uns sein Eigentum. Er tauscht uns ein wie Bargeld, das von Hand zu Hand geht, in Grundbesitz. In *echtes* Eigentum. Es spielt da die Idee des Besitzens hinein, wenn der Mann fordert, daß wir damit aufhören, besonders wenn er selber arm ist.

Und ich habe keine Lust, mich aushalten zu lassen. Egal wie sehr ich jemand liebe, ich will von ihm nicht ausgehalten werden. Denn der, der mich unterhält, hat Macht über mich. Jemand um Geld bitten zu müssen, wenn man sich etwas kaufen will, das wäre so demütigend. Das könnte ich nicht. Ich will Ihnen erklären, wie das mit dem Geld ist und warum ich mich nicht aushalten lassen will. Wenn ich jemand liebe und hänge gefühlsmäßig von ihm ab, dann wäre es schrecklich, wenn ich auch wirtschaftlich von ihm abhinge. Wenigstens finanziell will ich unabhängig sein, weil ich gefühlsmäßig so abhängig bin. Das spielt für mich eine ganz große Rolle; meinen Eltern gegenüber ging es mir genauso. Jetzt komme ich mit ihnen in der Beziehung etwas besser aus. Weil ich mich so hilflos einem andern ausgeliefert fühle. Aber das *Dating*, zum Beispiel, das ›Gehen‹ heut mit dem, morgen mit jenem, finde ich noch

viel demütigender. Es ist dasselbe wie Prostitution – sie kaufen dich, und du weißt es, aber sie tun es auf indirekte Weise. Und alle tun so, als wäre es gar nicht so. Aber sehen Sie, ich kann nicht heucheln. Weil ich es durchschaue. Deswegen kann ich es nicht tun.
Ein Mann denkt, einmal ins Bett gegangen, ist immer ins Bett gehen, auf Verlangen. Wenn man mit ihnen ausgeht und wenn man mit ihnen schläft, wird man ihr Eigentum. Man hat vielleicht seit einem halben Jahr mit niemandem mehr geschlafen, aber darauf nehmen sie keine Rücksicht. Es ist furchtbar enttäuschend. Ich habe manchmal Lust, mit jemandem zu schlafen. Und dann stellt sich heraus, daß er ein Schwein ist – indem er mich zum Beispiel mit seinen Freunden bekannt macht. Aber ich habe keine Lust, mit seinen Freunden zu schlafen. Am liebsten möchte ich jedem von ihnen sagen: ›Haut ab.‹ Aber er, der Freund, ist fest überzeugt, daß er mit mir ins Bett gehen kann, weil ich es ja auch mit seinem Kumpel tat – als ob sie glaubten, sie könnten mich untereinander ausleihen oder mir eine neue Stellung besorgen. Und wenn ich mich weigere, heißt es, ich sei lesbisch, oder er fragt: »Haben Sie Vorurteile, weil ich ein Schwarzer bin?« So wird man immer wieder in eine Zwangslage hineinmanövriert. Wenn man eine Prostituierte ist, bekommt man wenigstens etwas dafür: Geld. Da ist die Prostitution noch leichter zu ertragen. Und mit seinem Geld kann man machen, was man will. Geld – man kann es zum Beispiel von einem Rassenfanatiker aus dem Süden bekommen und es dann den Schwarzen Panthern geben. Man kann damit tun, was man will. Aber zusammen ins Restaurant gehen – wozu dient das? Zum Dickwerden. Und sie zwingen einen, zuviel zu essen und zuviel zu

trinken, damit sie einen dann nachher ficken können. Viel lieber mache ich eine Nummer mit einem Kunden, als daß ich zu einem Rendezvous gehe. Das mit dem Kunden hat nichts Bedrückendes für mich, aber bei einem Rendezvous kommt mir das Kotzen. Natürlich kann man sich bei einem Rendezvous vormachen, daß es dem andern um unsere Persönlichkeit zu tun sei. Das ist bei der Prostitution auch manchmal der Fall. Da gibt es einen, der kommt regelmäßig ins Studio, mit anderen macht er etwas anderes, aber mir gibt er zehn Dollar, nur um sich mit mir zu unterhalten. Zehn Dollar kriegt auch der Psychoanalytiker dafür, daß er zuhört. Und deswegen gehe ich vielleicht in diesen Beruf. Als ich in psychotherapeutischer Behandlung war, fielen mir solche Parallelen zwischen den beiden Berufen auf – Prostitution und Psychiatrie: zwei verschiedene Therapien. Und das viele Geld, das sie verdienen! Das ist mal eine legitime Methode, dachte ich und meinte damit, daß mein Analytiker dasselbe tat wie ich, nur in aller Ehrbarkeit.

Die Psychologie dient heutzutage vor allem dazu, uns in unseren winzigen Käfigen zu halten. Aber ich hoffe immer noch, daß doch noch etwas mehr dahintersteckt. Nur bin ich mir bei meinen Analytikern nicht so ganz sicher. Bei meinem ersten hatte ich meine Zweifel, auch bei meinem zweiten. Aber der zweite hat doch eine Menge für mich getan. Schließlich war ich bereits eine Prostituierte, als die Analyse begann. Vorher hätte ich mir eine Analyse gar nicht leisten können. Und die Behandlung hat es mir erst möglich gemacht, mein Studium wieder aufzunehmen, ins College zu gehen und die Prostitution aufzugeben. Übrigens die Parallele zwischen der Psychotherapie und der Prostitution – ich zog sie oft vor meinem Analytiker. Das hatte seine groteske Komik. Aber ich hoffe jedenfalls, daß er sich nicht weniger Mühe gab als ich, weil ich einmal etwas für *mein* Geld haben will. Ich will etwas *haben* für mein Geld – ich weiß, meine Kunden bekamen es nicht. Der Analytiker verkauft auch eine Dienstleistung, aber sie erniedrigt ihn nicht, sondern bringt ihm Prestige und Achtung ein.

Wenn ich versuche, die Prostitution als den Verkauf einer Dienstleistung zu betrachten, dann merke ich, daß die meisten Menschen einander keine Dienstleistungen verkaufen. Sondern sie treten sich gegenseitig auf die Füße und nennen das den Konkurrenzgeist. Und wenn ich mich frage, wie hat der Kunde das Geld verdient, mit dem er mich bezahlt, dann antworte ich mir, indem er eine andere Frau ausnutzt – eine Sekretärin oder dergleichen. Wenn er der Boß ist, schläft er nebenbei mit seiner Sekretärin, und sie tut es umsonst. Das ist das Scheußliche. Sekretärinnen und Frauen in irgendwelchen Ausbeutungsbetrieben sind in einer Situation, in der sie glauben, wenn sie nicht mitmachen, verlieren sie ihre Arbeit.

Ich fühle mich jetzt nicht mehr als Hure, aber der soziale Makel, der an der Prostitution haftet, ist sehr schwer zu löschen. Er macht aus der Prostitution eine Art von Kaste, so daß die Hure zeit ihres Lebens eine Hure bleibt. Nach dem Motto: Wer es einmal tut, ist für immer abgestempelt. Da passiert es leicht, daß man sozusagen festgenagelt wird. Es ist für eine solche Frau dann sehr schwierig, sich zu verheiraten. Und es kommt hinzu, daß die meisten unter ihnen keine besondere Schulbildung haben, so daß viele von ihnen nicht leicht eine andere Arbeit finden würden. Man bleibt in diesen Kreis eingeschlossen, auch weil man abhängig wird vom Luxus. Man kann abhängig werden vom Konsum um des Konsums willen oder einfach vom guten Leben. Man kann sich auch an eine gewisse Freiheit gewöhnen, die Freiheit, dahin zu gehen, wo man will, ohne sich vor jemand verantworten zu müssen, der einen unterhält. Für mich persönlich bot die Prostitution nicht einmal eine günstige Arbeitszeit, weil ich diesen Arbeitsfimmel hatte. Ich arbeitete rund um die Uhr – ich war entschlossen, viel Geld zu verdienen, ich war davon regelrecht besessen. Ich kann auch verstehen, daß sich Frauen von diesem Leben einfangen lassen, weil es für sie so schwer ist – objektiv schwer –, etwas anderes zu tun, noch dazu mit dem gleichen finanziellen Ergebnis.

Aber wie schlecht bezahlt eine Fabrikarbeiterin oder eine Stenotypistin auch sein mag, sie hat etwas, was eine Hure nicht hat. Selbst mir ging es so, daß ich mir eine ehrbare Fassade wünschte. Ich brauchte noch eine andere Arbeit. Viele Call-Girls arbeiten von Zeit zu Zeit im Büro. Ich verachte Frauen, die eine normale Arbeit verrichten, durchaus nicht. Ich wünschte mir nichts sehnlicher als eine Arbeit dieser Art, und ich bin im Begriff, eine solche Stellung anzunehmen. Ich werde nicht mehr ans Geldverdienen denken. Möglich, daß ich als Interne, als Assistentin, weniger verdiene als im Durchschnitt eine Sekretärin und bestimmt sehr viel weniger, als ich früher verdiente. Und doch freue ich mich darauf. Weil man sehr viel hergibt, wenn man eine Hure ist. Man gibt eine Menge auf. Unter anderem die Möglichkeit normaler Beziehungen zu einem Mann.

Als Prostituierte ist man entfremdet, isoliert, nicht allein vom eigenen Ich, sondern auch von der Gesellschaft, weil man mit den andern nicht darüber reden kann. Als ich noch dabei war, hatte ich nur Freunde, mit denen ich darüber sprechen konnte, nur solche, die auch dazu gehörten. Damit die ›anständige‹ Gesellschaft die Prostituierten nicht mehr einschüchtern kann, muß die Prostitution legalisiert werden. Jetzt kann man, der Gesetze wegen, nicht mal darüber sprechen. Vor der Polizei hat man Angst, und man weiß nie, wo sie gerade ist. Die häßlichsten Schweinehunde der Welt, das sind sie, und fahren in einem alten Plymouth herum. Angsterregend sind sie, weil sie das Recht haben, uns mitzunehmen. Wenn man den andern sagen könnte, daß man das, was man jetzt tut, nicht ein ganzes Leben lang tun wird, wenn sie das nicht mehr von einem glauben, dann könnte man da wieder herauskommen und etwas anderes anfangen. So ist man praktisch gefangen – aber man kann doch nicht ein Leben lang Gefangener dieses Gewerbes bleiben. Doch wer jetzt dabei ist, kann in aller Zukunft nicht mehr aussteigen. Und wenn man es aufgibt, muß man sich in acht nehmen, bleibt angreifbar – ich bin es auch, in Hinblick auf meine ›Fellowship‹. Ich werde es wahrscheinlich auch dann noch bleiben, wenn ich mein Diplom gemacht und meine Assistenzzeit hier beendet habe. Aber man sollte doch die Möglichkeit haben, ins normale Leben zurückzukehren, wenn man es will.

Zu komisch, dieser Ausdruck: normal. ›Die Normalen‹ – denselben Ausdruck gebrauchen die Schwulen, wenn sie von den andern sprechen. Ich möchte wissen, was wohl das Gegenteil von normal ist. Abnorm, monströs? Und was das Synonym? Vermutlich ›vollkommen‹. Merkwürdig, daß in diesen beiden Welten der gleiche Ausdruck gebraucht wird. Übrigens auch in der Unterwelt. Alle drei Gruppen sind Außenseitergruppen.

Wenn mir jemand sagt, das, was die Prostituierte tue, sei psychologisch gesehen eine Selbstbestrafung, kann ich richtig ärgerlich werden. Denn psychisch habe ich sehr viel mehr unter anderen Situationen gelitten, und ich habe schlimmere Demütigungen hinnehmen müssen. Ich glaube, es hat viel mit dem Geld zu tun, daß ich mich damals freier fühlte. Mir kommt es so vor, als hätte ich damals nicht halb soviel runterschlucken müssen wie jetzt als Lehr-Assistentin. Als Teaching-Assistant werde ich wirklich geduckt und verdiene dabei nicht annähernd soviel Geld. Gewiß, der soziale Status, den mir diese Funktion gibt, ist beträchtlich höher als der einer Prostituierten, aber man zahlt dafür, o ja, man bezahlt dafür. Ich arbeite viele Stunden für ein kleines Gehalt und lasse mich zum besten haben. Noch nie habe ich soviel geweint, war so wütend und fand es so zum Kotzen. Und schließlich habe ich nicht als Prostituierte Magengeschwüre bekommen, sondern erst im College.

Ich will Ihnen etwas sagen, ich habe als Prostituierte bei weitem nicht so oft geweint wie als Studentin. Es gibt da einen gewissen Unterschied. Als Prostituierte war ich irgendwie nicht ich selbst. Ich bin da nicht auf diese Art heruntergemacht worden. Ich empfand es nicht so stark. Man fühlt sich einfach nicht in dieser Weise gedemütigt. Vielleicht weil man als Prostituierte schon so tief unten ist, daß man dann nicht mehr sehr gedemütigt werden kann. Wenn man auf den Strich geht, weiß man, was man zu erwarten hat. Von der akademischen Welt dagegen erwartete ich etwas anderes. Bei seinen Kunden ist man immer in der Defensive. Man investiert bei

ihnen nicht sein Ich. Das aber tat ich an der Universität. Schließlich lag hier mein zukünftiger Beruf. Die Universität war für mich der Weg, der von der Straße fort führte, weg vom Strich. Aber was für eine Enttäuschung! Die Universität muß nicht so sein, wie sie ist – man brauchte nicht so gedemütigt zu werden. Man sollte, in Gottes Namen, mit Respekt behandelt werden. Alles, was ich verlange, ist Respekt, in Gottes Namen. Ich verlange keine bedingungslose Liebe, nur Respekt.
Was mich betrifft, wäre ich lieber eine Prostituierte als eine verheiratete Frau, die an einen Mann gebunden ist, den sie nicht ertragen kann. Und wenn ich einem Zuhälter hörig wäre, der mich verprügelt, würde ich das nicht als Prostitution betrachten, sondern als eine andere Art von Ehe. Man findet übrigens kaum eine Prostituierte, die keinen Zuhälter hat, und insofern bin ich nicht repräsentativ für die Prostitution. Aber nicht nur, weil ich keinen Zuhälter hatte, sondern auch wegen meiner Erziehung bin ich nicht repräsentativ. Aber so gänzlich anders bin ich auch wieder nicht – wenn Sie daran denken, wie sehr ich jeweils an meinem Liebhaber hing. Und die Abhängigkeit, in der ich mich ihnen gegenüber befand, ist die gleiche Ergebenheit, die eine durchschnittliche Hure ihrem Zuhälter entgegenbringt, nur daß ich mir weder mein Geld abnehmen noch mich schlagen ließ. In der Form ging es bei mir subtiler zu – aber im Grunde bleibt es immer dieselbe verfluchte Geschichte.
Ich bin in sexueller Hinsicht völlig desorientiert – sonst hätte ich mich auch nicht prostituieren können. In dieser Beziehung war ich von jeher verdreht. Jetzt finde ich überhaupt keine Beziehung mehr zu Männern. Man kann sehr leicht dem zustimmen, was die meisten Leute

über die Prostitution sagen, weil die alles in Büchern gelesen haben. Ich sage nicht, daß das wahr ist, bevor ich es nicht selbst als richtig empfinde. Und ich verabscheue die Prostitution – ich verabscheue sie wirklich. Deswegen übe ich sie ja auch nicht mehr aus. Ich bin in all diesen Jahren im College gewesen, nur um da wieder rauszukommen. Wenn es mir gefallen hätte, wäre ich noch dabei. Damals war ich so stumpf und taub, daß ich nichts fühlte. Jetzt verabscheue ich es, weil ich wieder fühlen kann. Ich ertrage es nicht, wenn man mich berührt. Ich kann es nicht vertragen, so eintaxiert zu werden. Nach all diesen Universitätsjahren soll ich das noch immer tun müssen, erwartet man noch immer von mir, daß ich mit ihnen ins Bett gehe.

Aber jetzt nur für ein lausiges Abendessen. Und das mit meinem Ph. D. Jetzt verabscheue ich das, aber ich will mich nicht in Vermutungen darüber ergehen, was ich damals bei solchen Gelegenheiten empfand oder nicht empfand. Ich muß es auch damals verabscheut haben, nur wurde es mir nicht bewußt, oder ich durfte es mir nicht eingestehen. Ich glaube, es wird sich günstig auswirken, daß ich begriffen habe, wie abscheulich ich es in Wahrheit fand. Aber im Augenblick steht es so mit mir, daß mir die Männer verhaßt sind und daß ich ihnen aus dem Weg gehe. Zur Zeit wird mir immer mehr bewußt, wie sehr ich das alles immer gehaßt habe. Und ich weiß heute, daß das meine Beziehungen zu Männern zerstört hat. Wir fürchten uns davor zu sagen, daß wir die Männer hassen. Und so kommt es, daß sich die Prostituierte einen Zuhälter sucht und erklärt: hier ist der einzige Mann, den ich lieben kann. Und er behandelt sie wie den letzten Dreck. Mir ist bewußt geworden, daß ich Männer hasse, und lange habe ich nicht gewagt, es mir einzugestehen. Und ich sehe jetzt, wie sehr dieses ganze Erlebnis mich zugrundegerichtet hat. Die andern verachten uns für das, was sie aus uns gemacht haben. Das habe ich nur zu oft erfahren müssen. Zuerst in der Schule, wo ich geduckt wurde; später hielt man mir vor, daß ich mich prostituiert hatte, und ich bekam wieder meinen Denkzettel. Und wenn man dann offen und ehrlich erklärt, daß man sich für Geld verkauft, dann wird man deswegen verachtet.

Als ich mit der Prostitution begann, hatte ich nicht das Gefühl, daß mein Wille gebrochen war. Nichts war leichter, als eine Prostituierte zu werden: ich war dazu bereit. Weil mir das Sexuelle nie viel bedeutet hat. Darum konnte ich damit Geld verdienen; so war es doch zu etwas nütze. Meistens bedeutete es für mich einfach gar nichts. Ich nehme an, das hat mich für die Prostitution bereit gemacht. Und das änderte sich auch dann nicht, als ich dabei war. Ich empfand nichts – kein Gefühl beim Sex. Außer in ein paar besonderen Fällen. Und bei diesen besonderen Partnern erlebte ich die schreckliche gefühlsmäßige Abhängigkeit, die typisch für die Prostituierte ist – obwohl sie nichts empfindet, wenn sie auf den Strich geht. Sie ist einfach nur an ihren Zuhälter fixiert und völlig abhängig von ihm – und so ging es mir mit meinen Partnern. So daß ich mit allen möglichen Kerlen schlafen konnte und es mir nichts bedeutete. Ich konnte sie mir leisten. Vielleicht besser gesagt, sie konnten sich mich leisten.

Lange bevor ich mit der Prostitution anfing, war ich mit Jungen ins Bett gegangen, weil ich glaubte, es ihnen schuldig zu sein, da ich sie ›ermutigt‹ hatte – oder dergleichen Unsinn. Ich ließ mich von ihnen in diese Situation manövrieren. Und wenn man erst so weit ist, dann kann man sich nur noch auf den Rücken legen und sagen: ›Okay, das hab ich mir selbst zuzuschreiben. Also los, mir ist's egal. Mach deine Nummer.‹ Passiv bleiben. Noch das ist eine Art Widerstand. Es heißt: ja, du kannst meinen Körper haben, aber du wirst mich sexuell nicht erregen. Weder zornig machen noch geil. Das Unheimliche ist die Art, in der ich mich dann hingebe – innerlich schlafend. Wenn eine Frau wirklich mit einem Mann Liebe macht, dann wird sie müde, dann verbraucht sie Energie. Aber wenn man dabei passiv bleibt, wie ich es tat, dann verbraucht man wenig Kraft. Man unterdrückt alles. Als ich eine Hure war, wurde ich nie müde; ich strengte mich dabei nicht an.

Ich konnte mich sozusagen narkotisieren, so daß ich nicht zu sehr leiden mußte. Aber viele Huren sind dazu nicht fähig. Sie sind ständig in einem inneren Konflikt. Ich hatte eine Freundin, der es so ging. Sie wurde rauschgiftsüchtig. Sie wollte keine Hure sein. Sie weigerte sich. Aber dann wurde sie süchtig. Sie war mit einem alten Mann zusammen, der sie auf die Straße schickte. Und es war ihr ekelhaft. Ich an ihrer Stelle hätte einen anderen Weg aus der Armut gefunden. Aber weil es mir nicht wehtat, konnte ich es tun. Jetzt, glaube ich, würde ich es nicht mehr aushalten.

Ich hatte als Prostituierte kein schlechtes Leben. Zunächst einmal: ich hatte keinen Zuhälter. Wenn man die Prostituierten organisieren will, wird es das schwierigste sein, mit den Zuhältern fertig zu werden. Die Zuhälter werden über Sie herfallen, denn schließlich werden seine Geschäfte, sein Lebensunterhalt, in Frage gestellt. Ich habe zufällig zwei Zuhälter heute gesehen – zwei Schwarze mit dem Heimatzeichen Texas auf dem

Nummernschuld – also das waren tolle Burschen. Da saßen sie in einem Cadillac von 1970 mit einem blaugeblümten Klappverdeck. Und dem Texas-Nummernschild. Die Burschen waren Klasse. Haben Sie schon mal einen Cadillac mit einem geblümten Verdeck gesehen? Nur ein Zuhälter oder allenfalls ein Rock-'n'-Roll-Star würde je wagen, mit so etwas zu protzen – aber für gewöhnlich waren auch diese Stars, bevor sie das wurden, nebenbei auch Zuhälter oder gingen auf den Strich.

Ein Zuhälter tut tatsächlich nichts. Er besorgt einem keinen Kunden. Er leistet einem nicht den geringsten Dienst und tut den lieben langen Tag lang nichts. Er spielt, trinkt und verprügelt dich. Er fährt in einem Cadillac herum. Er sieht nett aus und stinkt nach Parfüm. Zuhälter tun nichts für ihre Huren. Sie geben nur deren ganzes Geld aus. Das ist alles, was sie für sie tun. Wenn eine ins Gefängnis kommt, zahlt ihr Zuhälter die Kaution für sie, um sie herauszubekommen, denn sie ist bares Geld für ihn. Aber man kann auch selbst die Kaution stellen, um rauszukommen, und man kann sein eigenes Geld behalten. Man braucht keinen Zuhälter.

Aber die meisten Prostituierten haben einen Zuhälter. Ich kann sie verstehen. Weil ich in der gleichen Situation war, in einer Abhängigkeit der gleichen Art. Nur gab ich keinem Zuhälter Geld. Aber Liebe und die Abhängigkeit vom andern, das war dasselbe. Für die meisten Prostituierten ist der Zuhälter die Erfüllung ihres Traums von der wahren Liebe. Bei mir war das anders – meine wahre Liebe war ein armer Schlucker von Student. Und ich hätte ihm gern mein Geld gegeben – ich wollte es wirklich. Aber er nahm es nicht. Gewiß, ich war selbst Studentin und ein genauso armer Schlukker. Aber ich sah mich selbst nicht in dem romantischen Licht, in dem ich ihn sah. Er war ein Führer, ein Revolutionär. Er wollte mein Geld nicht. Ich versuchte, es ihm aufzudrängen, aber er lehnte es ab. Ich war sein leidendes Proletariat, seine Maria Magdalena. Er ging dann fort und heiratete eine andere. Er hat ein ordentliches Mädchen geheiratet. Ich fand, er war ein guter Kopf, und er hatte etwas zu sagen – ein Idealist, ein Rebell. Er war immer besser als ich. Ich war stolz darauf, einen so großartigen Kerl zu kennen. Doch. Dabei sah ich sehr wohl die Gefahr und die Versuchung zum ›Personenkult‹. Die meisten dieser Jungens passen schon auf sich selber auf. Ein paar Jahre nach ihrem Studium sind sie in einem Anwaltsbüro etabliert, oder sie ergaunern sich das Geld wie Jerry Rubin. Gauner sind sie alle. Sie verkaufen die Revolution. Sie prostituieren sie. Alles für das liebe Ich.

Ich bin noch nicht ganz frei von diesem Jungen. Im vergangenen Sommer war ich noch in ihn verliebt. Und ich bin mir nicht sicher, ob ich nicht wieder mit ihm ins Bett ginge, wenn er nach New York käme – ich kann nicht dafür garantieren, daß ich die Kraft hätte, ›hau ab‹ zu ihm zu sagen. Im vergangenen Herbst sagte ich allerdings nein. Er wollte nach New York kommen, und ich sagte ›nein‹. Als Prostituierte kann man wenigstens sagen: ›Ja – aber es kostet fünfzehn Dollar.‹ Aber wenn man ein braves kleines Mädchen ist, kann man nur ›ja‹ sagen. Etwas hatte ich immerhin erreicht: er wollte, daß ich wieder zu ihm käme, und das habe ich abgelehnt. Daran liegt's wahrscheinlich, daß wir jetzt nicht zusammen sind. Er wollte nicht mit mir hier zusammen leben – diese Möglichkeit war ihm nicht in den Sinn gekommen.

Ich glaube, nur einmal hatte ich unter meinen Kunden einen Collegeboy, einen Studenten, wie ich selbst. Aber einmal erzählte ich einem Professor, daß ich mich prostituiere. Ich hatte es halb im Scherz gesagt, und er veranstaltete sofort eine Junggesellenparty für mich. Er hatte das sowieso vorgehabt, und er dachte wohl, warum nicht jemand engagieren, den er kannte. Außerdem war er nicht mein Lehrer – ich war nicht in seinem Kursus. Er hätte auch ablehnen können. Manchmal trifft man Männer, die ›nein‹ sagen. Doch das kommt sehr selten vor, weil die Sache ja von den Männern ausgeht. Aber ich kann diesen Mann nicht besonders verurteilen, nur weil er ein Professor ist. Alle Menschen sind im Grunde gleich – ein Kunde ist ein Kunde. Es war nicht so, als ob er mich verführt hätte oder so was. Das war meine Angelegenheit. Wäre er mir moralisch gekommen, hätte ich ihn deswegen gehaßt. Wenn er bei mir mit solchem Unfug angefangen hätte, wäre ich wütend geworden. Mein Leben geht keinen andern etwas an. Ich lasse mir von keinem Mann etwas sagen. Ich habe vielleicht die Prostitution verabscheut, aber ich hatte ein *Recht* dazu, sie auszuüben. Ich kann es nicht ausstehen, wenn mir jemand sagt, Sie dürfen das nicht tun – Sie sind zu schade dafür und so weiter und so fort. Ich spüre da eine Überheblichkeit, eine moralische Überheblichkeit. Ich kann diese Leute nicht mehr hören mit ihrem Unsinn von ›nicht gesund‹ – ich meine das Argument, daß die Prostitution im psychologischen Sinn krankhaft sei. Bei der Prostitution wird mit doppeltem Maßstab gemessen, müssen Sie wissen. Ich könnte mir zum Beispiel alles mögliche an Selbstzerstörung leisten, ohne daß ihnen das etwas ausmachen würde. Man würde keine Selbstzerstörung dabei finden, wenn ich außerhalb der Prostitution so willfährig oder masochistisch wäre, also als Freundin oder Ehefrau. Ich könnte mir sogar viel schlimmere Dinge antun, und dieselben Leute fänden das in Ordnung. Wenn man mir sagt: ›Das dürfen Sie nicht tun, es ist schlecht für Sie‹, höre ich: ›Das dürfen Sie nicht tun, es ist schlecht.‹ Und ich höre sie sagen: ›Ich bin ein überlegener Mensch, wie wundervoll von mir, daß ich zu Ihnen rede und Sie emporhebe: eine gefallene Frau.‹

Ich möchte glauben, daß ich so etwas wie die Freiheit der Wahl habe. In meinem Leben eine Wahl zu treffen. Und daß ich ein geringeres Übel wählte. Ich habe es so gewollt. Und irgendwie möchte ich, daß das respektiert wird. Ich habe es so *gewollt.* Ihr Mitleid spricht mir gewissermaßen meine Freiheit der Wahl ab. Ich will nicht gerettet werden, weder von den Christen noch von den Psychoanalytikern. Abgesehen von den Grundsätzen, bleibt die Haltung die gleiche: herablassend und gönnerhaft. Etwas in mir fühlt sich von ihrem Moralismus abgestoßen, von ihrer Erbaulichkeit. Ich möchte mir die Illusion bewahren dürfen, daß ich ein wenig die Freiheit der Wahl hatte. Vielleicht ist das nur eine Illusion, aber ich brauche den Glauben, daß ich in meiner Wahl einigermaßen frei war. Trotzdem mache ich mir klar, wie vieles von dem Weg, der mich in die Prostitution geführt hat, determiniert war, und wie verrückt mein Mangel an Selbstvertrauen war. Aber ich mußte nun selbst da wieder herausfinden. Darum wollte ich glauben, daß das Ganze mein freier Entschluß gewesen war. Am erschreckendsten ist es für mich, zurückzublikken und mir zu vergegenwärtigen, was ich durchgemacht habe und daß ich es ausgehalten habe.

Wenn ich an die Zeit der Prostitution zurückdenke, geschieht es in einem großen Zwiespalt. Ich kann nicht einmal genau sagen, was ich dabei empfinde. Es ist nicht alles negativ. Als ich meine Erinnerungen daran ordnete, fürchtete ich sehr, daß ich dabei die fertigen Antworten liefern würde, die der Psychiater von mir erwartet hatte. In Wirklichkeit ist alles viel komplizierter. So habe ich vieles verschwiegen, weil die Erinnerung daran zu quälend war. Dann hatte ich auch gemerkt, wie konformistisch die Betrachtungsweise meines Analytikers war, so daß ich mich gegen die erwarteten Klischee-Antworten sträubte. Als erstes leugnete ich etwas, an das ich mich doch erinnern kann – nämlich daß ich am Anfang die Männer einfach haßte und mir nur wünschte, sie sollten mich nicht mehr berühren – und nur von ihnen wegwollte.«

K

»Dieses ganze Jahr über habe ich mich mit der Frage der Prostitution beschäftigt. Im vergangenen Herbst arbeitete ich mit meinen Studentinnen im *Experimental College* über dieses Thema. Zunächst definierten wir die Prostituierten als soziale Gruppe und untersuchten dann ihr kollektives Verhalten. Als mich die *American Philosophical Association* aufforderte, auf ihren im Frühjahr stattfindenden *Western Meetings* zu sprechen, schlug ich drei Themen zur Diskussion vor, als Beispiele dafür, wie das Gesetz in die sexuelle Freiheit eingreift: die Prostitution, die Homosexualität und die Abtreibung. Die Folge war, daß sich die Begeisterung der Association offensichtlich schnell legte und ihre Einladung sich in Luft auflöste. Und dann forderte mich Vivian auf, an diesem Buch mitzuarbeiten. Vivian Gornick und Barbara K. Moran: *Woman in Sexist society*, dem der Beitrag *Das verkaufte Geschlecht* entnommen ist. Ich entschloß mich – und das mit aller Entschiedenheit –, über die Prostitution zu schreiben.

Alles, was ich über die Prostitution gelesen habe, ärgert mich, und das gilt schon für die Art und Weise, wie man an das Problem herangeht: die statistische Methode der Soziologie, die optimistische ›Rationalisierung‹ der volkstümlichen Anschauung oder die romantisierenden Darstellungen in der Literatur. Allmählich drängt sich die Einsicht auf, daß in dieser Frage seit Jahrhunderten generell eine große moralische und soziologische Verwirrung geherrscht hat. Sie erklärt sich nur durch die Unterdrückung der Sexualität in unserer Kultur – einer Kultur, die zwar die Prostitution und das Elend der Prostituierten schuf, sich aber nie dazu verstand, in der Prostituierten einen Menschen zu sehen, wenn dieses Wort irgendeine Bedeutung haben soll. Die selbstgefällige Dummheit, mit der dieses Thema gewöhnlich diskutiert wird, ist geradezu empörend. Verurteilt wird das Opfer, die Prostituierte, nicht die Institution, deren Opfer sie ist. Die Prostitution wird als amüsant, als unvermeidlich oder bequem angesehen; die Prostituierte wird verhöhnt und moralisch verurteilt, falls man ihr nicht pharisäerhaft erklärt, daß sie sich ihre Situation ja selbst so ausgesucht habe, daß sie an allem selbst schuld sei. Die Ursachen der weiblichen Prostitution sind in der wirtschaftlichen Situation der Frauen zu suchen, die seelischen Schäden nicht zu vergessen, die ihnen ihre sexuelle Rolle in der patriarchalischen Gesellschaft zufügt; angesichts dessen ist dieses konventionelle Sichabfinden mit dem Schicksal der Prostituierten nicht nur Unrecht, sondern auch ein Beweis von Einfalt. Kürzlich haben Verteidiger dieses Menschenhandels, den wir Prostitution nennen, die abgenutzten zweierlei Maße auf neu polieren und die Versklavung von Frauen als »sexuelle Freiheit« proklamieren wollen. Damit wird das Versprechen der sexuellen Befreiung verfälscht in die billige Freiheit, Frauen auch in staatlichen Bordellen auszubeuten, komplett mit medizinischem Service, so daß die männlichen Kunden, die sie aufsuchen, dabei kein Risiko eingehen. Die Prostitution wird protegiert und als ein staatliches Privileg anerkannt. Das ist ein noch unmoralischeres System als das gegenwärtige überall in den USA, mit der Schikanierung und Verfolgung der Prostituierten, die mit Vorladungen, Geld-

und Haftstrafen belegt werden, als ob man die Frau für ein Delikt bestrafen wollte, für das die Gesellschaft den Mann keineswegs bestraft. (Männliche Prostituierte verkaufen sich an andere Männer; ihr Fall liegt parallel zu dem der weiblichen Prostituierten und steht nicht im Widerspruch dazu.)

Eine Ironie unserer gesetzgeberischen Ethik liegt darin, daß sie diejenige verfolgt, die (wirtschaftlich oder moralisch) gezwungen sind, sich zu verkaufen, dagegen den Käufer entschuldigt. Dabei wäre zum Beispiel das System der sogenannten freiwilligen Sklaverei, wie sie im kolonialen Amerika unter dem Dienstvertrags-Recht praktiziert wurde, und dem die Prostitution eindeutig entspricht, heute gesetzlich unmöglich, denn sie wurde noch vor der Abschaffung der Sklaverei durch Gesetz verboten. Gerechter als eine staatliche Regulierung oder die Unterdrückung der Prostitution scheint eine andere Lösung zu sein, nämlich die Prostitution aus dem Strafgesetz herauszunehmen. Dadurch würde die weibliche Prostitution keineswegs anwachsen, aber die Ausbeutung der Prostituierten durch zwei Klassen von Männern würde so verhindert – zwei Klassen, die sie am ärgsten ausnutzen, die Zuhälter und die Polizei. Die Polizei arbeitet auf die gleiche Weise wie die Zuhälter; auch die Mitglieder der Sittenpolizei kommen zu ihren üppigen Einkommen durch die Methode obligatorischer Protektion. Ein Zuhälter wird definiert als ein Mann, der von den Einnahmen einer Prostituierten lebt. Und da die Prostituierte für die Polizei eine lukrative Quelle von Bestechungsgeldern ist – denn sie hat nur die Wahl, entweder Erpressungsgelder zu zahlen oder ins Gefängnis zu gehen –, hat der Staat ein wohlbegründetes Interesse an der Illegalität der Prostitution.

Darin können ihm nur noch die Staaten den Rang streitig machen, die durch die ›Regulierung‹ (z. B. durch Institutionalisierung) der Prostitution aus ihr ein Staatsmonopol machen. Ein anderer entschiedener Gegner einer Legalisierung der Prostitution ist sonderbarerweise nicht die organisierte Kirche sondern das große Hotel-Kapital; es hält die Kundschaft der Prostituierten nicht für so lukrativ, daß sie den Schaden wieder aufwiegen könnte, den sie dem Ruf und Ansehen der teureren Hotels zufügen würde, die überdies auf diese Kundschaft nicht angewiesen sind.

Die gebildete Frau kennt die Prostituierte wahrscheinlich nur aus der Literatur. Die Frau als Hure ist ein literarischer Archetyp, der so häufig auftritt, daß dies durch die tatsächliche Zahl der Prostituierten keineswegs gerechtfertigt wird. Es handelt sich hier um eine Form der weiblichen Existenz, die von den Männern, den Schöpfern unserer erhabenen Kultur, besonders herausgestellt wird. Es ist schwer, sich nicht zu ärgern, wenn man die Ansichten eines Schriftstellers über die Prostitution liest. Man erinnert sich an Baudelaire und seine Lust am ›Bösen‹. Die Glorifizierung der Hure mit dem goldenen Herzen ist ein billiger und bequemer Trick. Indem sich der Dichter mit ihr identifiziert, ergibt er sich dem Selbstmitleid; indem er sich zu ihr herabläßt, ist er stolz auf seine Menschlichkeit und seine Intuition, die ihn in einer einfachen Frau aus dem Volk, einem Geschöpf der Straße eine leidende Maria Magdalena erkennen läßt. Und indem er ihre Lage schönfärbt oder sentimental verfälscht, leistet er zu ihrer Verewigung eben soviel wie der französische Tourismus. Das Ganze hat wirklich etwas Großartiges: da verschafft sich der liberale Mann moralisches Ansehen, indem er die Prostituierte unter seine Fittiche nimmt – was ihn nicht hindert, mit ihr zu schlafen und zugleich stolz darauf zu sein, daß er ihre elende Lage erkannt hat.

Aber ich bin eine Frau, und deshalb stehen hinter meinem Interesse an der Prostitution stärker persönliche Motive. Ich erinnere mich noch an meine ersten Gespräche mit Liz Schneider über dieses Thema. Wir glaubten beide, nicht das Recht zu haben, davon auch nur zu reden. Wir waren im College gewesen, und wir hatten uns nie für Geld verkauft. Wir fanden uns anmaßend und unwissend, denn weder kannten wir die ökonomische Zwangslage so vieler Prostituierten aus eigener Erfahrung, noch waren wir wirklich informiert über das Leben der Callgirls. Aber gerade das war unser Argument, daß hier objektiv eine große Informationslücke bestand, da man von den Betroffenen keine wahrheitsgemäßen Berichte zu hören bekommt, sondern nur bestellten Unsinn, entweder *von* Männern erfunden, oder *für* sie (man denke nur an die in glühenden Farben gehaltenen Schilderungen von *Party Girls,* die man in Herren-Magazinen lesen kann). So gut wie alle Informationen über dieses Thema gehen auf männliche Quellen zurück. Nach unserer Meinung mußte jemand damit den Anfang machen, die Wahrheit herauszubekommen, und sei es nur deshalb, weil die Menschen so lange falsch informiert worden sind und weil die unwahre Darstellung der Situation nach wie vor gilt.
Ich hatte gewußt, oder doch zu wissen geglaubt, wie schwer es sein würde, Informantinnen zu finden, schwer auch, ihr Vertrauen zu gewinnen und zu behalten und

die übliche Abwehrhaltung der Prostitutierten zu überwinden, die eine Folge ihrer gesellschaftlichen und rechtlichen Verfolgung ist. Aber ich hatte diese Schwierigkeiten noch unterschätzt, genauso wie ich nicht vorausgesehen hatte, wie tief ich mich noch engagieren würde, wie sehr mich verpflichtet fühlen gegenüber einer Gruppe von Frauen (bis ich mich schließlich mit ihnen identifizierte), die ich durch die Freundschaft mit einigen wenigen von ihnen kennengelernt hatte. Sie so ungerecht behandelt, so schamlos ausgenutzt zu sehen, machte mich rasend. Oder machte es mir Angst? Denn wie jede Frau wußte ich, daß die Prostitution für uns andere Frauen so etwas wie ein Anschauungsunterricht ist. Denn wie die Squaw im Western-Film fügsam und immer hinter ihrem Herrn und Meister stehend (mag dies Beispiel auch der Phantasie entstammen), so ist die Hure dazu da, uns anderen zu zeigen, wie glücklich wir uns schätzen dürfen, wie gut es unsere Gebieter mit uns meinen, und wieviel ärger es uns hätte treffen können.

Immer sprachen wir als Frauen von Dingen, die Frauen widerfahren – Nächte hindurch mit J, frierend vor Erschöpfung, obwohl es Sommer war, so daß wir uns immer wieder eine Kanne Kaffee kochten, um wach zu bleiben; oder am frühen Abend in der Wohnung M's, in diesem weißen Raum, den der Baum draußen auf dem Hof mit seinen großen Blättern in ein kühles, heiteres Grün tauchte – sprachen von Dingen, die physisch diesen beiden Frauen widerfahren waren, psychisch aber in einem gewissen Sinne uns allen. Denn für die Anteilnahme der Frauen an der Prostitution gibt es unmittelbarere Gründe als ein bloß wissenschaftliches Interesse. Oder als die Absicht, eine Interpretation im Stil von

Women's Lib zu liefern, sehr analytisch, rhetorisch und auf höherer theoretischer Ebene. Oder als der Wunsch, eine marxistische Lohnskalen-Tabelle anzulegen, auf der die Gewinne im ältesten Gewerbe der Welt mit denen der weniger einträglichen weiblichen Berufe verglichen werden. Es gibt bessere und alltäglichere Gründe, warum jede Frau von der Prostitution Kenntnis nimmt oder paradoxerweise es ablehnt, von ihr Kenntnis zu nehmen.

Man braucht als Frau nicht viel Phantasie, um etwas von der Lebenserfahrung der Prostituierten zu erraten. Ich fand einen Winkel in meinem Herzen, sozusagen ein ›Geheimkabinett‹, das ich, wie wahrscheinlich die meisten von uns, immer dunkel geahnt, doch stets zu betreten gezögert hatte – eine Vorstellung, die mich mein halbes Leben lang im Bann hielt, das heißt, die fünfzehn oder zwanzig Jahre, die seit meiner Jugend verflossen sind. Ich wüßte gern, ob die Nachtkommandos des Ku Klux Klan für die Schwarzen die gleiche hypnotisierende Bedeutung haben. Oder der Markt von New Orleans? In jedem Fall: wie ist das, wenn man heute abend auf dem Broadway steht...? Vielleicht betrügen wir anderen nur uns selbst – denn letzten Endes ist dies ein Erlebnis, das wir alle teilen. Nur in abgeschwächter Form. Ich glaube, viele von uns verkaufen sich, nur ohne es zu wissen. Vielleicht tun wir es alle. Die Frage ist nur die, wer unter uns *könnte* heute abend auf dem Broadway stehen, oder wer wird es *müssen*.

Unsere eigene Prostituierung, in abgeschwächter Form, kam uns, Liz und mir, in den Sinn, als wir uns an unsere Rendezvous und an Einladungen ins Restaurant erinnerten. Ich dachte an meine erste Zeit im Atelier in der Bowery zurück. Das Mädchen, mit dem ich zusammen gelebt hatte, trennte sich von mir, und ich fühlte mich sehr allein. Außerdem hatte ich kein Geld. Ich lebte von vierzig Dollar im Monat, die mir meine Mutter schickte; sie mußte sich ihr Geld verdienen, indem sie Lebensversicherungen mit Leuten abschloß, die sich nicht versichern lassen wollten. In meinem Atelier war es eisig kalt. Ich war ständig krank. Bronchitis. Die einzige Wärmequelle war ein kleiner bauchiger Ofen; ich schlief mit meinem verflixten Hund zusammen, um etwas mehr Wärme zu haben. Nun war da ein junger Arzt, der mich seit ein paar Monaten verfolgte. Ich nehme an, es ist ein verbreitete männliche Überzeugung, daß Künstlerinnen etwas Besonderes sind – ›emanzipiert‹. Daß sie eine reizvolle oder leichte Beute sind. Dieser Doktor John also, in seinem Anzug von Brooks Brothers, begann eine stürmische Werbung. Er führte mich ein paar Wochen hindurch abends zum Essen aus. Dann sagte ich mir, nun müßte ich es wohl einmal mit ihm tun. Was gab ich ihm? Er lud mich zum Essen ein. Ich brauchte das Essen, aber in Wirklichkeit hätte ich Geld gebraucht, sechzig, vielleicht hundert Dollar. Die Monatsmiete betrug nur fünfzig Dollar. John würde meine Skulpturen nicht kaufen. Und meine Kunst schien ihn auch nicht zu interessieren, meine Seele noch weniger. Würde ich mich damals solcher ›Beziehungen‹ bedient haben, wie sie J zu den Kreisen der Prostitution besaß, wenn ich sie in diesem Augenblick gehabt hätte? Oder gab mir der Schund, den ich damals aus Gips fabrizierte, soviel Zielbewußtheit und Befriedigung, daß ich auf Geld verzichten konte? Jedenfalls nahm ich im Lauf von vier Wochen fünf oder sechs gute Mahlzeiten im Restaurant ein, hielt mich von schlechter Gesellschaft fern und ließ mich gratis vögeln.

Dann erinnerte ich mich an die Zeit, als ich ernstlich daran dachte, mich zu verkaufen. Ich war gerade mit dem College fertig und im Begriff nach Oxford zu gehen. Meine reichen Verwandten waren zu diesem Zeitpunkt in Erscheinung getreten, um das dafür nötige Geld anzubieten. Aber ich ging nicht allein, sondern mit jemandem, den ich gern hatte, ja den ich liebte. Eine Frau. Meine Verwandten waren davon keineswegs erbaut, es war eine wahre Tragödie: eine *Invertierte* in der Familie! Sie hielten Familienrat, nur um über mein Verbrechen zu diskutieren, und Tanten und Onkel kamen von allen Windrichtungen angeflogen. Das Ergebnis der Beratungen war, ich sollte entweder auf meine Freundin verzichten oder Oxford aufgeben. Ich tat weder das eine noch das andere. Ich belog sie und ging nach Oxford, zusammen mit meiner Freundin. Doch bevor sie reisen konnte, mußten wir das Geld für sie auftreiben. Ich arbeitete den ganzen Sommer über in einer Fabrik, und es reichte noch immer nicht. Meine Freundin war Studentin im zweiten Jahr und wohnte im Ghetto in der Nähe der Universität. Dort wohnten wir zusammen in einem Logierhaus, aßen, was sie aus den Restaurants mitbrachte, in denen sie als Serviererin arbeitete, und hatten einen Dalmatiner, der, wie sich herausstellte, taub war und deshalb all unsere Erziehungsversuche zu stubenreinem Verhalten illusorisch machte. Meine Mutter brach gleich Sophie Portnoy in Tränen aus, als sie unsere Behausung sah. Es war der glücklichste Sommer meines Lebens.
Aber bei Sommerende reichte das Geld noch immer

nicht. Und da kam mir diese brillante Idee. Ich würde mich für ein Vermögen verkaufen und uns beide im Nu reich machen. Ich war die jüngere und brannte darauf, meiner Liebe Opfer zu bringen. Sie verließ mich vier Jahre später wegen eines anderen. Die Ironie des Schicksals wollte es, daß gerade zu diesem Zeitpunkt, mitten im Winter, meine Lüge ans Tageslicht kam und mich die Milletts zu Weihnachten einluden, nur um mich zu enterben.

Doch um auf jenen Sommer zurückzukommen, so kann ich mich nicht mehr erinnern, ob ich fünfhundert oder tausend Dollar fordern wollte, aber es war in jedem Fall eine verdammt ehrgeizige Summe. Ich hatte mir meinen Freier schon ausgesucht, einen Freund meiner reichen Tante, Besitzer einer Cadillac-Vertretung, reich und, wie ich glaubte, geil. Ich setzte auf meine frische Jugend. Ich brachte es schließlich nie fertig, ihm meinen großartigen Plan zu enthüllen, aber ich hatte ihn bis in alle Einzelheiten ausgearbeitet. Wahrscheinlich hatte ich Angst. Ich fürchtete, er würde es meinen Eltern erzählen. Die Fabrik war so eintönig, die Arbeit am Fließband ein Alptraum, so daß ich nachts zitternd und schweißbedeckt aufwachte. Ich hatte den ganzen Sommer über gearbeitet, und ich hatte noch immer bei weitem nicht die achthundert Dollar, die wir brauchten. Wir brauchten viel Geld für die Reise und zum Vorzeigen beim Zoll. Wie verrückt mein Plan auch war, so war ich doch schlau genug, um zu wissen, daß mein Körper das einzige war, womit ich ein Geschäft machen konnte. Neulich lernte ich ein Mädchen kennen, das sich tatsächlich um einer geliebten Frau willen verkauft hatte. War sie ein besserer Liebhaber als ich (war sie gescheit und entschlossen genug, um bei der Suche nach einem

Freier nicht auf einen Freund der Familie zu verfallen?), oder war die Frau, die sie liebte, ein größerer Tyrann?

Ich sehe in der Prostitution so etwas wie ein Paradigma: ein Exempel für die soziale Situation der Frau, wie sie im Grunde besteht. Hier wird nicht nur ihre Abhängigkeit offenbar, verknüpft mit den finanziellen Beziehungen zwischen den Geschlechtern, in Ziffern und Zahlen fixiert, statt versteckt hinter den Paragraphen eines Heiratsvertrags (der noch immer auf dem Prinzip ›Sex für Sachwerte‹ beruht und sich dabei auf die Geschichte berufen kann); ja durch den bloßen Akt der Prostitution wird unser Wert deklariert: als der Wert einer Sache. Was die Prostituierte in Wahrheit verkauft, ist nicht Sex, sondern ihre Entwürdigung. Und der Käufer, ihr Kunde, kauft nicht Sexualität, sondern Macht, die Macht über einen anderen Menschen, das berauschende Gefühl, für eine bestimmte Zeit über den Willen eines anderen Menschen zu verfügen, die beglückende Möglichkeit, eine Aktivität zu lenken und zu bestimmen, die wohl am schwersten zu erzwingen ist und gewiß am stärksten von der Scham und von Tabus beherrscht wird. Das ist für den Gegenwert von zehn oder fünfzehn Dollar ein ganz beträchtliches Machtgefühl. Wenn der Handel abgeschlossen ist, wird die Prostituierte wie jeder ausgebeutete Arbeiter versuchen, so wenig wie möglich für ihren Lohn zu tun. Wie dem auch sei, der Handel *ist* abgeschlossen worden, und der bloße Umstand, daß dies *möglich* ist, zeigt das Verhältnis zwischen der Position des Mannes und der Frau, es zeigt den Mann als Herrn und Gebieter und die Frau als Sklavin, und zwar in solcher Verdeutlichung und Vergrößerung, daß dabei eine noch ältere und noch offenkundigere Herrschaft beschworen wird. Die Prostitution ist gewissermaßen antiquiert, ein Fossil in unserer sozialen Struktur, das wie alle Fossilien auf eine ältere Epoche zurückweist. Aber die passende Metapher muß soziologisch sein, nicht phänomenologisch; sie muß uns daran erinnern, daß, wie Lévi-Strauß unterstreicht, während der längeren Epochen der Menschheitsgeschichte Männer mit Frauen gehandelt haben und sie überall dort in der Welt, wo es keine Münzen als Zahlungsmittel gab, als Währung benutzten. Kein Wunder also, daß die Ursprünge der Prostitution in Tempeln liegen, die nicht mehr wie zuvor den Fruchtbarkeitsriten, sondern dem Kult des Patriarchats geweiht waren. Alle Erniedrigungen der Frau finden sich letzten Endes symbolisiert in einer Sexualität, die ihr zur Last gelegt, die ihr als Schande angerechnet wird. Sogar die Selbstverunglimpfung, die von der Prostituierten gefordert wird, erwartet man von allen Frauen, aber nur selten mit dem Erfolg wie bei der Prostituierten, weil nur ihr diese Selbsteinschätzung so unverhüllt und offen und so wirkungsvoll nahegelegt wird. Sie läßt sich in einem einzigen Wort zusammenfassen. Und dieses »Four-letter«-Wort heißt nicht Ficken, sondern Votze. Hier wurzelt unsere Selbstverachtung: in dem Wissen, daß wir V . . . sind, beziehungsweise haben. Darum also geht es bei uns, hier liegt der Kern, und dies ist das Ärgernis, das wir geben.

Belohnung wie Strafe für die Annahme dieser Definition sind gleichermaßen übertrieben. J erzählte mir, daß sie in ihrer besten Zeit, als sie wirklich ein Geschäft daraus machte, achthundert Dollar in der Woche verdiente. Ich dagegen, mit meinem Dr. phil. und zehnjähriger Lehrtätigkeit, kann über sechzig Dollar in der

Woche nicht hinauskommen. Da wir beide an der Universität arbeiten, J und ich, hat uns das ungeheuer amüsiert. Und wir sahen dabei andere Arten von Prostitution, wie sie das Leben an der Universität mit sich bringt: die Kriecherei vor den Department-Chefs, in den Fakultäts-Sitzungen. Aber ich weiß auch, was J die Jahre der sexuellen Prostitution gekostet haben; ich kann es an ihren Augen sehen, wenn das Blau der Iris tot wie Glas ist. Es ist weder romantischer noch frömmelnder Unsinn, wenn ich in der Prostitution ein gegen ihre Menschlichkeit gerichtetes Verbrechen sehe. Ihre Leiden stehen mir wieder vor Augen, wenn ich mich an unsere langen, stockenden Gespräche erinnere, an alles, was sie gestand, und an das, was sie verschwieg, an diese langen qualvollen Stunden und an ihr sensibles Gesicht. Wie hatte ihr das alles wehgetan: die Jahre des Schweigens und des Verdrängens, diese Verschwiegenheit, die so tief saß, daß sie ihr auf Jahre hinaus noch die bloße Erinnerung daran verbot. Und zu der Zeit, wo sie es erlebte, war ihre Qual so groß gewesen, daß sie sich selbst in einen Zustand der Betäubung versetzen mußte und passiv bis zur Empfindungslosigkeit blieb. Und jetzt war sie so bitter geworden, daß sie niemand mehr lieben konnte. Das ist teuer bezahlt, auch für achthundert Dollar die Woche; und es ist eine noch schrecklichere Schuld, die auf das Konto der Männer geht.

Für die Prostituierte ist wahrscheinlich die schlimmste Bedrückung der soziale Bannfluch, der auf ihr liegt, weil sie die allgemein gültige Definition ihrer Weiblichkeit akzeptiert hat: ihre sexuelle Verächtlichkeit. Die marxistische Analyse wäre hier unangemessen, weil sie psychologische Faktoren wie die Scham außer acht läßt.

Denn es gibt jenseits des ökonomischen Elements ein entscheidendes anderes: vielleicht kann man es als eine Art psychologischer Süchtigkeit bezeichnen, als die Sucht zur Selbsterniedrigung, zu der übrigens, wie ich glaube, alle Frauen sozial konditioniert worden sind. In einer so ungesunden sexuellen Kultur wie der unserigen sagt schon allein die Art unserer sexuellen Akte der Frau immer wieder, daß sie ein Objekt der Lust ist, eine Sache: die Vagina. Es ist, als stellte man die Vagina als Gegensatz zum Ich, zur Persönlichkeit, hin, als die Antithese, als den negativen Pol zum Ich oder zum Geist. Der Verkauf der Frau in der Prostitution bestärkt mehr als alles andere diese Einstellung.

Es wird viel Unsinn über den Masochismus der Frau erzählt. Die Männer im allgemeinen und die Psychoanalytiker im besonderen behaupten, er sei der Frau angeboren. Man kann darin eine Zwecklüge sehen, eine ›Rationalisierung‹, da man ja weiß, daß jede an einer Frau begangene Grausamkeit sich auf diese Weise rechtfertigen läßt, nämlich durch das Argument, daß das an Frauen beobachtete selbstzerstörerische Verhalten organisch sei, konstitutionell weiblich, nicht zu trennen von dem Chromosom X und so weiter. Mich ärgert es nicht weniger als andere, diesen Unfug zu hören, und schon der Ausdruck stört mich als ein bewußtes Mißverständnis. Und doch weiß ich, daß ich mich selbst ›masochistisch‹ verhalte. Ich weiß, daß ich mich ständig selbst leiden lasse auf alle mögliche Weise, die einem Mann nie in den Sinn käme. Und ich tue das, weil der Masochismus zur weiblichen Rolle gehört. Er ist ein weiblicher Zug, und er wurde mir, und sei es auch unbewußt, anerzogen. Dies vorausgeschickt, bleibt der Ausdruck

›Masochismus‹ ungenau. Wenn uns ein so selbstzerstörerisches Verhalten aufgezwungen worden ist, dann, weil unsere Gesellschaft es darauf angelegt hat, etwas in ihren Frauen zu zerstören, ihr Ich, ihre Selbstachtung, ihre Hoffnung, ihren Optimismus, ihre Phantasie, ihr Selbstvertrauen, ihren Willen. ›Masochismus‹ ist in einer solchen Gruppe nur der Anpassungsreflex jeder unterdrückten Gruppe, die überleben will. Denn wenn die Mitglieder einer solchen Gruppe nicht an ihrer eigenen Unterdrückung mitarbeiten, indem sie den Haß und die Verachtung ihrer Unterdrücker gleichsam übernehmen, würde ihre Insubordination zutage treten, und sie würden bestraft werden und vielleicht sterben müssen. Dies ist gar nicht so schwer zu verstehen, wenn man das Verhalten anderer sozial untergeordneter Gruppen beobachtet.

Die Prostituierten empfinden Männern gegenüber große Bitterkeit, und sie erklären oft, daß sie sie hassen. Und wie sollten sie sie lieben bei der Art ihrer Beziehungen? Es ist schwer, in der Unterwerfung der Prostituierten unter den maßvollen Sadismus des Zuhälters Liebe zu sehen, sofern man irgendwelche Kriterien eines normalen Gefühlslebens anlegt. Darum ist es bei Prostituierten ziemlich häufig, daß sie Frauen lieben; von Frauen werden sie weder gekauft noch brutal behandelt (wenn es auch vorkommt, daß eine Prostituierte eine Frau aushält wie einen Zuhälter, das heißt, daß beide die in der Gesellschaft herrschenden heterosexuellen Rollen übernehmen). Bei der Frau sucht die Prostituierte die Anerkennung ihres Menschentums, die ihr der Mann verweigert, und die Zärtlichkeit, die auch nur zu lernen unsere Umgangsformen den Männern untersagt. Man hat mir erzählt, daß Frauen im Gefängnis eine merkwürdige Heiterkeit zeigen und daß sie oft gestehen, wie gern sie wiederkommen. Wie absurd einem dies auch vorkommen mag, ich kann es nachfühlen. Es paßt irgendwie zu unserer gewohnten Selbstverleumdung, daß wir uns glücklich fühlen, wenn wir zusammen in unserem Elend eingesperrt sind. Das Gefängnis ist ein heimliches Ferienheim, eine Zuflucht vor Zuhälter und Polizei, auch vor der Abhängigkeit (man bekommt zu essen im Gefängnis, und solange man zu essen hat, braucht man sich nicht zu verkaufen). Und man ist mit anderen Frauen zusammen, gerade mit der Personengruppe, der man am meisten aus dem Weg geht, bis man einmal zusammen eingesperrt wird – endlich ein Umstand, der unseren geheimen Wunsch nach einem Zusammenschluß rechtfertigt: die Intimität des Gefängnisses. Selbst der Defätismus, der sich darin ausdrückt, daß man sein Leben so einrichtet, daß die einzige Gelegenheit, mit anderen Frauen zusammen zu leben, das Gefängnis ist, entspricht ganz unserer Abneigung voreinander, die uns durch unsere Erziehung und unsere Situation beigebracht wurden. Und doch ist man nach allem, was man beobachtet, immer wieder überwältigt von alldem, was Frauen sich gegenseitig antun können. Aber so gründlich eingetrichterten Gewohnheiten wie den unserigen kann man überall treu bleiben – nachdrücklich und unabhängig davon, wo man ist, zu Hause oder sonstwo.

Nichts von allem, was ich bisher geschrieben habe, war so schwierig wie dieser Text; nichts hat mich so viel Zeit und seelische Kraft gekostet. Allein die Gesprächspartner zusammenzubringen, ist eine erschöpfende Mühe gewesen. Ich brauchte fast den ganzen Juni dazu; Tage und Tage waren mit Telefongesprächen angefüllt; ich übte mich in umständlicher Diplomatie. Beinahe alle Frauen kennen eine Frau, die in der Prostitution beschäftigt ist, oder eine Frau, die eine solche kennt. Aber jemanden dazu zu bewegen, daß er kommt und über sich spricht, ist sehr schwer. Die Gespräche dieses Sommers waren eine merkwürdige Erfahrung, am Anfang nur seltsam traumatisch in ihrer Wirkung. Wir zankten uns, Fumio und ich, allabendlich mit schrecklicher Erbitterung, wenn diese Gespräche stattfanden. Es war, als ob ich von einem ungezügelten Ressentiment ergriffen sei, und als ob er nicht gegen das Gefühl ankönnte, in die Defensive gedrängt zu sein, weshalb er nur mürrisch reagierte. Und beide verstanden wir nicht, was dem andern widerfuhr. Als ich die Gespräche auf Band aufnahm, waren sie für mich eine Kostbarkeit. Dann ertrug ich es in den ersten vierzehn Tagen nach ihrer Fertigstellung nicht, sie auch nur zu hören. Ich mußte das Erlebnis erst verarbeiten; es hatte mich tief erschüttert. Und ich stellte fest, daß es mich sehr verändert hat. Ich kann das selbst aus den Aufnahmen heraus hören, es ist ein durchgehender Prozeß von den ersten Bändern an, wo ich die ganze Zeit über sprach, bis zu den späteren, wo ich das Zuhören ein wenig gelernt habe. Auch meine Stimme hat sich verändert. Zuerst war es die aufgeregte Stimme, die man auf einer Versammlung hat in dem Augenblick, wo jeder den andern überschreien möchte, aber dann wurde sie ruhiger, viel ruhiger.

Während der Wochen, in denen wir uns in meinem Studio versammelten, hetzte ich mich Tag für Tag ab, arbeitete zwölf oder zwanzig Stunden, mit ein oder zwei Stunden zum Ausruhen, wenn überhaupt. Später wurde mir klar, warum ich das tat, und auch, warum mich dieses ganze Erlebnis so tief aufgerüttelt hat. Ich glaube, es war nicht nur das Gefühl, daß wir uns auf ein großes und vielleicht gefährliches Unternehmen eingelassen hatten, sondern noch etwas anderes, was mich in einer sehr viel tieferen Schicht anrührte als der des bewußten Verstehens. Ich erwähne das alles, weil ich zu der Annahme neige, daß es eine Bedeutung hat, die über meine eigene Reaktion hinausgeht, über die Emotionen einer einzelnen Frau. Ich sagte zuerst, daß ich mich für die Prostitution aus diesem und jenem intellektuellen, sozialen oder politischen Grund interessiere. Doch mit der Zeit zeigte sich, daß es mehr war – daß die Prostitution das war, was ich einen meiner kleinen geheimen Winkel in meinem Herzen nenne. Jeder hat solche geheimen Winkel, er fürchtet sich, in sie zu blicken. Die Vorstellung, selbst auf dem Broadway zu stehen und sich Fremden anzubieten – der Gedanke, durch Trotz oder Verzweiflung so weit getrieben worden zu sein, erschreckte mich – er erschreckt mich mehr als alles, was ich denken kann. Und die Frauen, die dort gestanden haben, und die mir sagen können, was sie durchgemacht haben, fordern mir mehr als nur Respekt oder die Einfühlungskraft meiner Phantasie ab. Es ist, als kämen sie zurück, nachdem sie den schlimmsten Alptraum verwirklicht haben, den wir andern nur träumen: es ist unser eigener Alptraum.

Dieser Sommer hat sogar mein Bild von der Straße und dem Viertel verändert, in dem ich seit zehn Jahren lebe. Ich kann die Third Avenue nie wieder mit demselben unschuldigen Gleichmut sehen. An einem sehr heißen Tag hatte ich mit meinem alten, komischen Kabriolett eine Panne an der Ecke der Dritten Avenue und der Dreizehnten Straße. Während ich wartete, bis das Getriebe abkühlte, hatte ich eine ganze Stunde Zeit, Zuhälter, Huren und Freier zu beobachten. Dank alldem, was ich kürzlich erfahren hatte, war der Eindruck ungefähr so wie bei einem ausländischen Film, den man zum zweitenmal sieht, aber diesmal synchronisiert, so daß man auch die Sprache versteht. Die Zuhälter standen an ihre Wagen gelehnt, rauchten eine Zigarette und überwachten das Geschäft. Der eine dick und häßlich, ein anderer mit glattrasiertem Kopf, elegant, lasterhaft. Eine große Schwarze wiegte sich vor dem Eingang einer schäbigen Bar in den Hüften. Sie war plump, von gewaltigen Formen, aber sie hatte einen prachtvollen Kopf. Ein junger schwarzer Held der Negerkultur kam vorbei, politisch kostümiert, im Afrolook; er sah die Frau und rief ihr mit einer hochmütigen Wendung des Kopfes eine Beleidigung zu, des Inhalts, daß sie ein wandelnder Fleischberg sei, ein geiler Dreckhaufen.

Die Frau ist gekränkt, schmerzlich herausgerissen aus ihrem schläfrig-gedankenlosen Wiegen, mit dem sie sich anpreist. Sie antwortet mit lauten Flüchen: ›Hurensohn, Mutterficker!‹ Doch diesen Klischees fehlt die Überzeugungskraft, und er fährt fort, sie zu verhöhnen, er macht das, was sie zu bieten hat, lächerlich, setzt es herab, schmäht es, erklärt es für gänzlich wertlos. Alles, was sie hat. Sie zittert vor ohnmächtiger Wut über die ihr angetane Schmach. Sie hat ihre Gelassenheit völlig verloren; es sieht aus, als schäme sie sich ihrer selbst. Das Geschrei hat eine junge Weiße, ein Hippiemädchen, aus ihrer Trance geweckt; sie ruft dem jungen Schwarzen einen Fluch zu. Und ich überrasche mich selbst, indem ich ihm aus dem Wagen zurufe: ›Hau ab!‹ Wir sind nun also ein Trio von Frauen gegen diesen arroganten Mistkerl. Aber er bleibt davon völlig unberührt

(Frauen sind ja so verächtlich), und schlendert ruhig weiter, so überzeugt von seinem guten Recht und seiner Überlegenheit, die ihn gleichsam schützt wie eine Zelluloidhülle.
Die beiden Zuhälter, zwei große schwarze Vögel in einem schwarzen Wagen, haben während der ganzen Zeit nicht mit der Wimper gezuckt. Die Hure hat das Duell verloren. Später schenkt ihr ihr Gebieter ein Eis am Stiel. Die orangefarbene Leckerei ist ein leuchtender Farbfleck gegen die schwarze Gestalt in ihrem schwarzen Kleid. Nun wiegt sie sich wieder in den Hüften. Der Dicke hat ihr das Eis gegeben, aber mit dem Kahlrasierten sah ich sie wieder, in Philadelphia, auf dem Kongreß der Black-Panther-Bewegung. Sie war nur der Fahrt wegen mitgekommen. Das Überraschende war vielmehr die Anwesenheit des Zuhälters auf der ›Konstituierenden Versammlung revolutionärer Völker‹, in schwarzer Baskenmütze und schwarzer Lederjacke, vollgesteckt mit Panther-Abzeichen. Die Abzeichen gibt es zwar überall zu kaufen, aber der Zuhälter als Revolutionär ist ein abstoßendes Bild. Nur gar so überraschend war es im Rahmen dieses gespenstischen Wochenendes von Philadelphia auch nicht, wo die Prahlereien der Schwarzen Panther einen Rauschzustand erzeugten.
Doch zurück zu jenem glühendheißen Tag auf der Third Avenue. Die eine der weißen Prostituierte geht, vollkommen benommen vom Heroingenuß, fast blind auf der Straße auf und ab. Sie bedient sich ihres Körpers wie eines schmutzigen Kleenextuchs, das sie gleichgültigen Passanten zu beliebiger Benutzung hinhält: einem Herrn mit Aktentasche, zwei Zimmerleuten, die ein Lachen unterdrücken, einem Puertorikaner, der sich

als Mann verpflichtet fühlt, um den Preis zu feilschen, dann aber hochmütig verzichtet. Es ist nachmittags halb drei; die Huren haben noch eine Ewigkeit vor sich. Ein andermal auf der Third Avenue, als das Taxi am Pocket Theatre an der Ecke der Twelfth Street vorbeikommt, glaube ich, meine jüngere Schwester Mallory zu sehen. Ich habe Mallory gegenüber sicher übertriebene Beschützergefühle und die schreckliche Angst, die fragt, ob sie notfalls stärker als die Umstände sein wird. Diese Woche hat sie wieder einen unmöglichen Job angenommen, als Platzanweiserin im Theater. Ich sehe noch einmal hin. Ein rascher Schnitt: Mallory verwandelt sich in eine vierzehnjährige puertorikanische Nutte, die vor dem Eingang zum Theater steht. Vielleicht hat Mallory heute ihren freien Tag, aber nicht dieses Mädchen. Wie leicht ist dieses Kind in die Sklaverei geraten; wie leicht finden sich die Menschen damit ab – ihre männlichen Landsleute. Es ist halb zwölf Uhr. Wird ein Freier sie sich zum Frühstück leisten? Mein Zorn als ältere Schwester reißt ihm das Herz aus dem Leibe.

Dann, an einem schönen Sommerabend, als alles wunderbar klappte und es sogar wieder Spaß machte, mit meinem alten Klapperkasten zu fahren, und die freudige Aussicht auf das Treffen mit einer Freundin meine Euphorie noch steigerte, hielt ich wieder an der Ecke der Third Avenue und der Thirteenth Street. Die Ecke vom erstenmal. Beide Frauen waren wieder da. Ein langer Blick der beiden zeigt mir, daß sie mich wiedererkannt haben. Plötzlich fühle ich mich höchst pflichtvergessen, ohne auch nur zu ahnen, um welche Pflicht es sich handeln könnte. Aber es kommt mir verbrecherisch vor, daß ich in einer so heiter-gelösten Stimmung bin,

daß ich mich so reich fühle, obwohl ich in Wahrheit völlig blank bin, da der Film alles Geld verschlungen hat, dessen ich habhaft werden konnte. Selbst meine so unsichere ›Mobilität‹ dank diesem alten Wagen will mir als Luxus erscheinen und tolle Extravaganz. Aber was erwartet man von mir – den Fanatismus einer Heiligen? In was für eine neue Absurdität lasse ich mich da ein? Ich erkenne die gleichen Fallen vor mir, die den weißen Liberalen und der bürgerlichen Klasse von den eigenen Schuldgefühlen gestellt werden. Ich stamme aus einem bescheidenen Milieu und bin davon noch stark genug geprägt, um in einen richtigen alten Klapperkasten von Auto vernarrt zu sein. Und ich brauche mich auch nicht von der strengen Erziehung in irgendeinem Elite-College bei einem Kursus über die Herstellung von Sprengstoff in Heimarbeit zu erholen.
Ich habe das ganze Jahr über beobachtet, wie der Klassen-Schuldkomplex bei den Frauen der Bewegung die ärgste Zwietracht auslöste und alle Hoffnungen auf Einigkeit zunichte machte durch einen selbstgerechten Missionseifer, der vage auf die Dritte Welt und die proletarische Frau zielt und Anlaß für endlose Beschuldigungen und Gegenbeschuldigungen zwischen früheren Freundinnen wird, die doch alle dem Bürgertum entstammen. Die unter uns herrschende gegenseitige Animosität ist eine Art Selbstverstümmelung. Sie ist zur Gewohnheit geworden in einer bestimmten sozialen Gruppe, die man ihrer Herkunft nach als bürgerlich bezeichnen kann, die aber eins wird mit den Massen, wenn sie zu der Neuen Linken stößt. Selbstgerechte politische Überzeugungsstrenge oder das Bekenntnis zu Gewaltmethoden werden als Beweis der eigenen Aufrichtigkeit gewertet, wenn nicht geradezu als Sühne für die Annehm-

lichkeiten der eigenen Jugend. Und man ist verrückt genug, aus der Prostituierten am liebsten eine Fahne oder ein Symbol zu machen, ein Idol der Bewegung. Wenn man Bedrückung und Unterdrückung nach Punkten wertet und dabei die höchste Note nach dem Grad der Bitterkeit des Betroffenen vergibt, dann könnten die Leiden der Prostituierten sehr schnell die höchste Note erhalten.

Die beiden Prostituierten beobachten mich noch immer. Und was ihr Blick auch bedeuten mag, er beweist jedenfalls, daß sie mich wiedererkennen. Sie erkennen mich vom letzten Mal wieder. Sie wissen, daß ich sie beobachtet und gesehen habe, was ihnen geschah; sie wissen, daß ich Bescheid weiß, wie wenig das auch ist. Vielleicht ist das Nicht-Wissen eine schlechte Entschuldigung, aber es ist eine. Wenn man aber diese Unwissenheit verliert, übernimmt man Verantwortung. Und wenn man weiß, daß etwas unrecht ist wie das Unrecht, das ihnen geschieht, und nichts dagegen unternimmt, dann macht man sich schuldig, ja zum Komplizen.

Die Ampel zeigt Grün, und ich fahre weiter, auf dem Weg nach Hause. Aber ich habe ihren Blick gefühlt und registriert. M behauptet, es sei gefährlich, unser Unternehmen fortzusetzen, und der Zuhälter sei schlau genug, um die wirtschaftliche Bedrohung zu erkennen, die *Women's Lib* für ihn bedeutet, wenn es uns gelänge, die Prostituierten mit unseren Ideen zu erreichen. Sie ist überzeugt, er würde wie jeder Kapitalist reagieren, wenn man ihm an die Brieftasche will. Und da Zuhälter darauf spezialisiert sind, Frauen zu verprügeln, könnte das auch uns geschehen, falls wir mit unserer Propaganda erfolgreich wären. Ich gestehe freimütig, daß ich physisch feige bin, und die Aussicht, eines Tages von ein paar Zuhältern verprügelt zu werden, erschreckt mich. Aus diesem Grund (unter anderen – aber die anderen sind nur Varianten meines Traums, dem männlichen Chauvinismus der Schwarzen ein Ende zu machen) denke ich an die Möglichkeit einer Unterstützung durch die Schwarzen Panther; ich rechne darauf, daß ein Muskelmann auf den andern losgeht und sie sich gegenseitig ausschalten, so daß die Frauen, schwarze und weiße, sich vereinigen können, ohne den brutalen Zuhälter fürchten zu müssen. Und selbstverständlich könnten die Schwarzen Panther das schaffen, wenn sie nur wollten – sie könnten die Losung ausgeben, daß Zuhälterei *out* sei, aus und vorbei, unmöglich, nicht mehr chic. Wenn sie es wirklich wollten.

Von meiner Rolle als Katalysator abgesehen, vermag ich selbst nur wenig zu tun, wie ich wohl weiß. Es gibt aber eine Reihe von Frauen, die mit mir an diesem Projekt gearbeitet haben, und die jetzt sehr interessiert daran sind. Das sind natürlich die Frauen, die das Quartett bilden, aber auch andere, die zu unseren Sitzungen kamen und uns Informationen gaben über Menschen, über Gefängnisse oder die Rechtslage. Ich bin entschieden der Meinung, daß diese Diskussion fortgesetzt und der Teilnehmerkreis erweitert werden müsse. Und zwar sollten die Prostituierten selbst, als die Betroffenen und eigentlich Sachkundigen, am ehesten dazu qualifiziert sein, Entscheidungen zu treffen und die Strategie einer solchen Kampagne, ebenso wie ihre Ziele, zu bestimmen: die Sittenpolizei, die städtischen Behörden und die Legislative. Heute können Prostituierte noch jeden Augenblick verhaftet werden; ihre Polizeiakte und ihre Fingerabdrücke haften ihr wie ein Makel an bei jedem Versuch, eine andere Arbeit zu finden; sie sind schutzlos den Übergriffen der Zuhälter wie der Polizei ausgeliefert. Ich wiederhole, die Prostituierten wären am ehesten in der Lage, die jungen Rechtsanwälte der Bewegung, Rechtsstudenten und Rechtsberater mit all den Umständen ihres Lebens vertraut zu machen, die die aufschlußreichste Materialsammlung bilden würde für den auf lange Sicht zu planenden Kampf um eine Gesetzesreform – für einen Kampf, bei dem es sich nicht nur um eine Änderung der bestehenden, für die Prostituierten so schikanösen Gesetzgebung handelt, sondern um die Gewährung aller Bürgerrechte für eine Gruppe, der man diese Rechte so lange und so generell vorenthalten hat.

Die Prostitution hat immer geblüht und ein Vermögen eingebracht, wenn sie darauf rechnen konnte, daß der Staat ihr Vorschub leistet. Wenn man das Gewicht einer solchen Tradition bedenkt, wird man vielleicht begreifen, auf welche Hindernisse eine wirkliche soziale Revolution stößt; allzu stark sind Bigotterie, Gewohnheit, finanzielle Interessen, physische Gewalt und schließlich auch die Gleichgültigkeit. Man wird vielleicht begreifen, wie fest unsere vom Mann bestimmte Welt auf solchen Grundlagen ruht. Allein der Gedanke an die vor uns liegenden Schwierigkeiten hat etwas Atemberaubendes. Man sehe nur, was unsere kranke Kultur aus der Sexualität gemacht hat. und dabei müßte doch eine Liebe möglich sein, die auf gegenseitigem Respekt, auf herzlicher Zuneigung, Verständnis für den anderen und Zärtlichkeit beruht. Wie schön wäre es, so zu leben. Viele Menschen zu lieben und sie gut zu lieben. Sich zu freuen an einer Liebe ohne Besitzerstolz, ohne Ausschließlichkeit, Eifersucht, wirtschaftliche Abhängigkeit, ohne Ich-Konflikte. Blumen, Musik, Rausch, Gespräche und ein phantastischer Liebesgenuß ... das alles könnte sein. Und ich meine, es ist ein Ziel, um das es sich zu kämpfen lohnt. Aber wir dürfen nicht all die Schwierigkeiten und Gefahren des Weges vergessen, der noch vor uns liegt, bis wir so leben können. Und wir müssen lernen, revolutionär zu leben, nicht nur, weil es Lust verspricht, sondern auch aus pragmatischen Erwägungen, denn es wird keine Revolution geben, bevor wir nicht einige Fortschritte in der neuen Lebensweise gemacht haben. Und neu muß sie sein: die Revolution muß eine bessere Lebensweise bringen, auch eine liebevollere. Keinen Haß – davon haben wir so viel, daß uns davor ekelt.

Aber das alles wird nicht leicht zu verwirklichen sein. Einen ersten Eindruck davon hatte ich in diesem Frühjahr. Es war nach der Kundgebung für die Freigabe der Abtreibung. Einige von uns gingen zum Frauengefängnis, in dem die weiblichen Mitglieder der Schwarzen Panther gefangengehalten werden. Im Winter hatte sich die Gewohnheit herausgebildet, die Kundgebungen in der Stadt meistens dort abzuschließen.

Es war merkwürdig erregend – schon der Marsch vom Union Square an: wir wußten so genau, wohin es ging, daß wir schon unterwegs ein Vorgefühl dessen hatten, was wir dort zu sehen bekommen würden. Nicht nur die Polizisten, in einer Reihe aufgestellt, um uns Schwierigkeiten zu machen, sondern den Ort selbst. Wir marschierten auf das große Gebäude zu, um das wir eigentlich in unserem ganzen Leben einen großen Bogen machen sollten; wir kamen auf einem neuen Weg.

Ich erinnere mich, wie ich einige meiner Freundinnen

bei der Kundgebung fragte, ob sie mit zum Gefängnis kämen. Ein paar sagten ja, andere sagten, diesmal nicht, aber das nächste Mal, oder auch: da werde ich bald hinkommen. Sie machten Scherze, wußten aber, daß es vielleicht bald kein Scherz mehr sein würde. Robin, Ti-Grace und ein paar andere waren schon drin gewesen; sie waren bei einem friedlichen Sit-in im Grove Press-Verlag festgenommen worden. Man erwartet gewissermaßen, eines Tages das Gefängnis kennenzulernen; es gibt so etwas wie eine Vorahnung, daß man sich dort eines Tages treffen wird. Im allgemeinen sage ich mir, daß dieser Gedanke die reinste Paranoia ist und daß eine an Klaustrophobie leidende Person wie ich selbstverständlich von Orten wie einem Gefängnis auf eine unheimliche Weise fasziniert sein muß. Aber an diesem Spätnachmittag im März, mit der singenden, marschierenden Masse, fand ich diese Idee ganz folgerichtig, so seltsam das war.

Wir kommen also an. Wir stehen dem Gefängnis gegenüber und können zu der Mauer hinaufsehen. Dort sind die Prostituierten, die Ladendiebinnen und die Rauschgiftsüchtigen eingesperrt. Zwischen uns die Polizei. Zwei Gruppen von Frauen, dazwischen Männer und Mauern. Wir schreien, natürlich. Aber auch sie rufen über die Straße. Und das Erstaunlichste von allem: was sie da rufen, sind politische Losungen. Ich bin überwältigt. ›Freiheit für unsere Schwestern!‹ rufen wir im Sprechchor. Und sie nehmen den Ruf auf. Dann rufen sie uns im Sprechchor die Losung zu, und wir geben sie als Echo zurück. Aber sie sprechen doch mit uns; endlich stehen wir in Kommunikation.

Und zwischen uns, zwischen den beiden Gruppen, die Männer, die Polizei.

Ein Blick nach oben: die Frauen drängen sich alle an den Fenstern. Ich habe einmal in einer geschlossenen Station gearbeitet, in einer Nervenheilanstalt, in den Sommerferien, als ich achtzehn war. Ich trug einen Schlüsselbund, und ich weiß, daß, wenn alle Insassen an den Fenstern stehen wie hier, die Wächter die Kontrolle verlieren. Sie können sie wohl im Gebäude festhalten, aber dadrinnen, davon bin ich überzeugt, sind sie jetzt außer Rand und Band – außer Kontrolle. Sie stehen alle an den Fesntern, wo wir sie hören und sehen können. Es ist nicht eine vereinzelte Stimme, die die Hausfrau hören kann, die gerade in der Sixth Avenue ihre Einkäufe macht, nicht die Gefangene, die etwas herunterruft, damit die Leute auf der Straße lachen. Ich habe den Eindruck, daß alle Gefangenen an den Fenstern stehen und schreien.
Ich sehe mir das Gebäude an. Es ist so groß, so massiv, so steinern. Und ich beginne zu verstehen, wie schwer eine Revolution zu bewerkstelligen ist. Denn wir können rufen ›Freiheit für unsere Schwestern!‹, bis wir umfallen, und noch immer wird diese Mauer zwischen uns sein und das eiserne Gitter und all diese Polizisten. Sie werden nicht umfallen. Hier bekommt man eine Ahnung davon, worauf man sich eingelassen hat.
Als ich dies alles sah, hatte ich eine merkwürdige Eingebung: Diese Prostituierten sind unsere politischen Gefangenen – ihre Vagina hat sie ins Gefängnis gebracht. Darum wurden sie eingesperrt, wegen der Vagina, das ist ihr Delikt, das, welches wir alle begehren, einfach dadurch, daß wir Frauen sind. Das ist Sexualpolitik, ihr harter Kern.

M

»Jetzt bin ich weg von der Straße. Und wenn heute ein Polyp kommt und mir in die Bluse greift und mich abtastet und nach etwas sucht, dann, kannst du mir glauben, Baby, daß ich sofort einen Rechtsanwalt anrufe oder die ACLU oder was Ähnliches. Aber damals war das etwas anderes. Ich handelte mit Rauschgift, und die Wahrscheinlichkeit war groß, daß ich Heroin in meinem BH beförderte. Und wenn man den Stoff bei sich hat, streitet man sich nicht mit der Polizei. Wenn sie einen nicht wegen Rauschgift kriegen, dann wegen Prostitution. Man muß die ganze Zeit Angst haben, daß man geschnappt wird. Jetzt aber kann ich ihm sagen, er soll seine dreckigen Hände wegnehmen. Jetzt habe ich mich wieder gefangen.

Man kann sagen, auf den Strich gehen ist ein Geschäft. Oder ein Mittel, um etwas Bestimmtes zu erreichen. Aber so einfach ist das gar nicht. Man muß unbedingt wissen, daß die meisten Frauen, die mit einem Kunden ins Bett gehen, das nur unter dem Einfluß irgendeiner Droge können. Es gibt keine Frau, die diesen Artikel verkauft, die dieses Geschäft betreibt und die keine Droge braucht. So leicht fällt ihnen das Geschäft doch nicht, und so oberflächlich sind sie nicht. Sie brauchen irgend etwas, was ihnen Halt gibt. Wenn sie nicht von Rauschgift high sind, dann ist es eben etwas anderes. Immer wenn ich mit einem Mann was machte, mußte ich mir vorher und nachher eine Spritze verpassen. Man zahlt als Frau seinen Preis.

Eins der Probleme, mit denen wir es bei der Rehabilitation von Rauschgiftsüchtigen zu tun haben, ist das, den Frauen ein bißchen Stolz beizubringen, sie zu ermuntern, sich wieder hochzurappeln. Wir haben mit ihrem Gefühl, sich prostituiert zu haben, fertig zu werden. Denn das ist etwas, was einer Frau nachgeht und was bewirkt, daß sie schlecht von sich selber denkt. Daß sie in ihrer Vergangenheit einmal in einer Situation war, ihren Körper verkaufen zu müssen. Das zu vergessen, ist verdammt schwer für sie.
Rauschgift und Prostitution gehören zusammen. Weil die Prostitution ein Mittel ist, eine Sucht zu befriedigen. Sie ist etwas, was sich immer verkaufen läßt, wenn auch sonst nichts mehr geht. Ich glaube nicht, daß eine Frau je zu krank, zu abgerissen, zu häßlich oder zu verbraucht ist, um einen Freier aufzutun. Es wird sich immer ein Interessent finden. Aber man kann sehr wohl einmal zu zerzaust vom Leben sein, zu abgerissen aussehen, um einen Laden betreten zu können in der Absicht, dort etwas zu klauen. Sie würden dich sofort rausschmeißen. Außerdem ist die Prostitution ein Mittel, um rasch genug Geld für Heroin zu verdienen.
Als ich, so vor acht, neun Jahren, Heroin nahm, kostete das Päcken fünf Dollar. Jetzt ist es teurer geworden. Und es gibt praktisch kein Limit für die Zahl von Päckchen, die man braucht. Du brauchst so viel Päckchen, wie du kriegen kannst, es hängt von nichts anderem ab als von der Summe, die du dir beschaffen kannst. Ich verbrauchte ungefähr für hundert Dollar am Tag. Wenn du nur fünfzehn Dollar am Tag hast, so gibst du sie dafür aus; hast du fünfzig, brauchst du fünfzig; hast du hundert, sind es hundert. Du verbrauchst so viel Geld, wie du verdienst. Es ist eine Falle.

Gewöhnlich bleibt immer etwas übrig für eine Schlafgelegenheit und etwas zu essen, es sei denn, man lebt mit einem Mann zusammen. Hier in unserer Gegend kann man, wenn man genug Geld zusammenhat für ein Päckchen, irgendwo auf dem Dach schlafen. Aber im allgemeinen wohnen Fixer in einem Zimmer. An den meisten Tagen kann man genug Geld für ein Zimmer zusammenkratzen. Und man lebt von Hero-Sandwiches, von Yoo-Hoos, von Süßigkeiten, lauter Sachen wie Kuchen und so was, Kindernahrung. Die Speise der Regression. Die Rauschgiftsucht ist selbst eine Form von Regression. Die Droge wird zur Nahrung, die man durch die Vene aufnimmt.

Man kann sagen, die Prostitution fördert die Rauschgiftsucht. Aber was ist zuerst da? Vielleicht ist es so etwas wie ein Teufelskreis. Du brauchst das Zeug, um die Qual der Prostitution zu mildern; und du brauchst die Prostitution, um die Qual der Drogenhörigkeit zu lindern. Und so weiter im Kreise. Aber meistens ist die Rauschgiftsucht das erste. Man lernt das Rauschgift kennen, zusammen mit der Unterwelt und so natürlich auch mit der Prostitution, mit Dirnen und Zuhältern. Bei mir fing es mit dem Rauschgift an. Wenn man damit anfängt, treibt man sich an bestimmten Orten und mit einer bestimmten Sorte von Leuten herum.

Ich hatte die ersten zwanzig Jahre meines Lebens mehr oder weniger im Kloster und mit Ordensschwestern verbracht. Und das erste Heroin, das ich in meinem Leben sah, war das, was ich zum erstenmal nahm. Ich glaube nicht, daß ich damit rebellieren wollte. Es war der Augenblick, da meine Familie auseinanderbrach, das heißt, mein Vater und seine Frau, ich glaube, es war seit meiner Geburt die fünfte, sich trennten. Wir hatten

ein Haus und einen Wagen und alles mögliche, was dazu gehört, und mit dem allem war plötzlich Schluß.
Im großen und ganzen hat mich mein Vater großgezogen. Und ich glaube, diese Geschichte hatte mich ziemlich erschüttert und enttäuscht. Sie nahm mir den Halt. Mein Vater trank und war in keinem besonders guten Zustand. Ich glaube, meine Stiefmutter hatte es nicht länger mit ihm ausgehalten. Darum die Trennung. Zum erstenmal in meinem Leben kam ich mir wie ausgestoßen vor. Sie nahm mich nicht mit. Die meisten Frauen hatten sich über mein gutes Verhältnis zu meinem Vater geärgert. Wie ich schon sagte, ich fühlte mich ausgestoßen, wie auf die Straße geworfen. Die Trennung der beiden hatte mich ganz durcheinandergebracht und deprimiert. Ich mußte nun lernen, selbst für mich zu sorgen. Das fiel mir so schwer. Niemand hatte mir beigebracht, wie man sich auf der Straße behauptet. Ich war im Kloster aufgewachsen. Kennen Sie den Song von Bobby Dylan ›Like a Rolling Stone‹? Genauso war es.

How does it feel to be on your own
No direction known
Like a rolling stone
Nobody ever taught you how to make it on the street
Now you'll have to get used to it.

(Was ist das für ein Gefühl:
Du bist auf dich selbst gestellt
Und weißt nicht wohin
Wie ein rollender Stein
Niemand hat dir gezeigt, wie man auf der Straße besteht
Und nun mußt du dich daran gewöhnen.)

Also, mir hatte es niemand gesagt, wie man auf der Straße, wie man im Leben weiterkommt. Ich tat alles ohne fremde Hilfe. Und ich habe es geschafft. Nein, ich glaube nicht an den Unsinn, den uns die Katholische Kirche lehrt, daß, wer Gutes tut, Gutes empfängt, daß man seinen Nächsten lieben soll, daß du deines Bruders Hüter bist und was sonst noch für Unfug. Du bist der Spielball für jedermann. Die machen sich lustig über dich und ficken dich. Ich war eine leichte Beute für sie. Als ich mit dem Stoff anfing, wußte ich nicht, was ein Päckchen kostet. Ich wußte nicht mal, wie man sich selbst eine Spritze gibt.

Damals habe ich gestohlen. Ich war eine bessere Ladendiebin als Hure. Denn als Hure war ich miserabel. Das war ganz und gar nicht mein Fall. Aber als Diebin war ich gut. Ich schaffte an einem Tag ungefähr zweihundert Dollar an; ich gab sie einem Kerl. Ich nahm richtige Bestellungen an, zum Beispiel auf Petricelli-Anzüge – das ist eine italienische Marke. Ich holte sie aus den Läden der Herren-Konfektion. Aber man kann nicht klauen mit der Einkaufstasche in der Hand. Das wäre nicht die passende Ausrüstung. Man muß etwas Lockeres tragen. Es muß schon sehr locker sein, alles andere als hauteng. Denn die Ware, die muß man sich zwischen die Beine und unter die Arme stopfen. Zunächst rollt man sie zusammen zu einer möglichst kleinen, kompakten Kugel, die man auf dem Körper verstecken kann. Die Leute gaben mir ihre Bestellungen auf. Sie sagten mir, was sie haben wollten, und ich besorgte es ihnen.

Beim Stehlen hatte ich nicht allzuviel Angst. Ich glaube, am Anfang war ich ein bißchen ängstlich. Ich war da mit einer Freundin zusammen stehlen gegangen, nur zum Spaß, als Mutprobe. Da war ich auch nervös. Sachen wie Nerz-Stolen, so etwas. Ich ließ mich dabei erwischen. Ein paarmal wurde ich festgenommen, aber

deswegen hört man nicht auf. Denn man *muß* ja Geld anschaffen. Also wechselt man das Territorium.
Ich konnte es mir leisten, mich gut anzuziehen, so daß ich in solche Läden hereinkam. Das ist sehr wichtig. Man muß auch ein Auto haben. Es ist ganz wichtig, daß man einen Wagen hat, wenn man stehlen will. Man zieht sich hübsch an, man hat ein Auto. Und man muß ein ungezwungenes, sicheres Auftreten haben, was nicht ganz leicht ist, denn für gewöhnlich ist das erste, was sie sehen, wenn man in einen Laden kommt, daß man *schwarz* ist, und da kann man noch so gut angezogen sein. Sehr oft tat ich mich mit einem weißen Mädchen zusammen, und dann gab es dieses Problem nicht. Dann konnte man den Laden aufräumen.
Wenn sie Verdacht schöpfen, dann kommt nicht einer und sagt: ›Verzeihen Sie, gnädige Frau, sind Sie zufällig eine Ladendiebin?‹ Sondern er fragt: ›Kann ich etwas für Sie tun?‹ Und das in einem sehr nachdrücklichen Ton. Das jagt einem einen Schrecken ein, aber meiner Meinung nach ist es das Wichtigste, nicht die Nerven zu verlieren. Das muß man sich immer vor Augen halten: nie die Nerven verlieren, denn in dem Moment, wo man die Nerven verliert, ist man verloren. Du mußt ganz kühl bleiben, und du mußt dich verteidigen. Natürlich leugnest du alles, du verstehst gar nichts. Nur darfst du dich nicht mit der Ware überraschen lassen. Selbst dann kannst du dich, solange du noch im Laden bist, herausreden. Aber für gewöhnlich lassen sie dich rausgehen, und wenn sie dich draußen schnappen, bist du verloren. In diesem Augenblick bist du erledigt. Trotzdem, du kannst natürlich immer noch so tun, als verstündest du überhaupt nichts. ›Wer, ich?‹ Außerdem hast du ja deinen Anwalt, den du regelmäßig be-

zahlst. Du rufst ihn an, und du kommst mit einer Geldstrafe davon.
Man muß einen Anwalt haben, man muß raffiniert sein, das macht alles leichter. Du kommst schneller aus dem Gefängnis raus und du kannst mehr Geld anschaffen. Aber so gut hat es nicht immer bei mir geklappt. Zum Beispiel das letzte Jahr, in dem ich rauschgiftsüchtig war, da war ich verwahrlost, sah aus wie aus der Mülltonne gezogen. Man hält es auf die Dauer nicht aus. Weil das Heroin zu fordernd wird und du für all den Unsinn keine Zeit mehr hast: die Runden durch die Läden und darauf achten, nicht die Nerven zu verlieren. Du hast keine Zeit mehr dafür. Du mußt dir etwas Neues ausdenken. Aber da ist eine Falle. In die geht man sofort, sowie man anfängt und die Sache einigermaßen zu klappen scheint. Ich trieb mich damals viel in Uptown herum, zum Beispiel im Minton's. Das ist eine Bar in der Hundertundachtzehnten Straße, an der Ecke von St. Nicholas und der Seventh Avenue. Da haben Charlie Parker, Miles Davis und eine Menge von diesen Jungens verkehrt. Burschen, die mit allen Wassern gewaschen sind, die an einem Abend tausend Dollar auf den Tisch hauen – Zuhälter und alles mögliche. Ich bin da aus- und eingegangen und das zu einer Zeit, als ich noch jung war. Die Jungens mochten mich gern und gaben viel Geld für mich aus. Die Zuhälter. Zuhälter geben für manche Frauen Geld aus. Doch, wirklich. Sie gaben mir auch Heroin, in Mengen. Aber sobald man richtig mit dem Heroin anfängt, wollen sie nichts mehr mit einem zu tun haben. Nun war die Sache die, daß ich wirklich geglaubt hatte, ich gehörte dazu, mit meinen Ladendiebstählen und so, und es ginge bis in alle Ewigkeit so weiter. In Saus und Braus und *cool* und was

du willst. Aber das ist nicht möglich. Nicht mit Heroin. Heroin ist etwas anderes als die Weckamine, bei denen, glaube ich, das Hirn auf Touren kommt. Die Wirkung von Heroin ist ganz anders, gerade das Gegenteil, es wirkt wie ein Beruhigungsmittel – es drückt alles herab. Deshalb hört, wenn einer eine Überdosis nimmt, sein Herz auf zu schlagen; es schlägt nur noch ganz langsam – pop, pop, pop. Als ob alles aufhörte.

Es ist ein Paradies. Wenn man reich ist und es sich leisten kann und nicht auf die Straße gehen und arbeiten muß... Du verstehst, wegen Heroin wird man nicht verhaftet; verhaftet wird man wegen der Dinge, die man tun *muß*, um an Heroin zu kommen. Heroin ist nicht schädlich. Es gibt keine physischen Schäden durch den Heroingenuß. Aber etwas anderes geschieht: wer Heroin nimmt, geht nicht mehr zum Zahnarzt, er geht nicht mehr zum Arzt. Aber wenn du Geld hast und zum Arzt gehst und in Form bleibst und dir das Heroin leisten kannst, dann wäre es das reinste Paradies. Du kannst die ganze Zeit weg sein, nichts mehr fühlen, nichts wissen.

Man kann high sein mit Heroin. Aber man kann auch eine Menge leisten damit. Zum Beispiel die Musiker. Charlie Parker spielte dann besser. Oder man kann schreiben, wenn man es genommen hat. Ich kenne Schauspieler, die es nehmen, aber das geht nicht lange gut. Wenn du reich bist und jemanden hast, der sich um dich kümmert, dann ist es in Ordnung. Wenn der Stoff nicht mehr kosten würde als Zigaretten, und wenn er erlaubt wäre, dann gäbe es in der Beziehung keine Probleme.

Vor fünf Jahren kam es zu einer Panik, weil alle Drogen aus dem Verkehr gezogen waren. Die näheren Einzelheiten habe ich nie erfahren, ich kenne die Geschichte nur vom Hören. Sie spielte zwischen Genovese und Robert Kennedy. Bobby versuchte, Genovese in die Enge zu treiben. Und Genovese soll ungefähr gesagt haben: ›Ich will Ihnen zeigen, was passiert, wenn ich den ganzen Stoff aus dem Verkehr ziehe. Versuchen Sie, es zu stoppen.‹ Bei so einer Panik stellte sich dann heraus, wer alles rauschgiftsüchtig ist. Denn alle kommen heraus, auf der Suche nach einem Päckchen, Leute im Cadillac oder Mercedes Benz mit Chauffeur, Leute, von denen du nie gedacht hättest, daß sie Heroin nehmen. Wie die Hunde kommen sie von überall her. Es läuft alles darauf hinaus, ob du dir so ein Päckchen leisten kannst. Wenn ja, dann bekommst du es und brauchst nicht erst zu klauen oder auf den Strich zu gehen, um es dir zu beschaffen. Aber wenn du kein Geld hast, dann kriegen sie dich und stecken dich ins Gefängnis. Dann fehlt dir auch das Geld, um gegen Kaution freizukommen. Und so wirst du statistisch erfaßt.

Du kannst mir jetzt natürlich sagen, ja, wenn die nicht ein Racket aus dem Rauschgifthandel gemacht hätten. Soll ich dir etwas sagen? Bei Heroin steht eine Menge Geld auf dem Spiel. Darum wird es nie legalisiert werden, so wenig wie es je vollkommen aus dem Handel verschwinden wird. Wenn soviel Geld hinter einer Sache steckt, dann laß die Finger davon.

Ich bin überzeugt, auch der Prostitution würde es viel Wind aus den Segeln nehmen, wenn sie gesetzlich zugelassen würde. Aber in Nevada *ist* die Prostitution gesetzlich erlaubt, und sie haben da mehr Morde und ... Nein, ich glaube doch, man sollte die Prostitution lieber nicht legalisieren. Eins ist jedenfalls sicher, die staatlichen Bordelle schätze ich ganz und gar nicht. In Reno und auch in Hamburg gibt es staatliche Bordelle. Da haben alle ihren Zulassungsschein, und wenn eine je versuchen wollte, eine andere Arbeit zu suchen, soll sie es lieber gleich lassen. Ihr Name steht in der polizeilichen Kartei, und der Staat verdient einen Haufen Geld mit der Prostitution. Toll, was? Und zweitens, du bist kein freier Mensch mehr, weil du deine Lizenz hast und in der Kartei stehst und nichts anderes mehr tun kannst. In Hamburg zum Beispiel darfst du dich in den Straßen der anständigen Viertel nach acht Uhr abends nicht mehr sehen lassen. Du lebst in einer Art Reservation oder in einer Zelle. Im Nahen Osten sind die Bordelle buchstäblich Käfige, und die Huren müssen täglich zwischen zwanzig und dreißig Kunden befriedigen.

Mein erstes Erlebnis mit der Prostitution hatte ich in einem Bordell, und du kannst es sehen, wie du willst, ein Bordell ist ein Gefängnis. Das da war ein Greuel, ich werde es nicht vergessen, solange ich lebe. Eine alte Frau hatte mich dort hingebracht, eine Hure, die mir das Huren beibrachte. Sie war seit ihrem dreizehnten Lebensjahr Prostitutierte. Djuna Mae hieß sie. Und sie unterwies mich in der Arbeit einer Prostituierten. Sie nahm alles mit mir durch, nahm mich in ihr Zimmer mit, zeigte mir, was Blasen war und so weiter. Schließlich nahm sie mich in diesen Puff in Trenton, New Jersey, mit. Was da vor sich ging, war unbeschreiblich. Die Polizei, die Detektive kamen jeden Tag zum Kassieren. Sie machten einen kleinen Schwatz mit Madame, dann steckten sie ihr Geld ein und verschwanden. Nur weiße Männer besuchten diesen Puff. Mitten in Trenton.

Die Mädchen waren, bis auf ein paar Ausnahmen, Schwarze. Nein, nicht alle waren schwarz. Es gab ein paar Ausnahmen. Abwechslung, eine Auswahl haben. Das ist sehr wichtig für ein Bordell. Du sitzt also da. Ein Kerl kommt rein und schaut sie sich alle an. Schließlich fällt seine Wahl auf dich, und du gehst mit ihm aufs Zimmer. Nur von deinem Geld bekommst du nichts zu sehen. Das kassiert Madame, und wenn du wieder gehst, gibt sie dir einen Anteil, die Hälfte. Ich kam nach drei Tagen zu der Überzeugung, daß dies kein Job für mich sei. Es paßte mir nicht, und ich wollte wieder fort. Aber mein Geld bekam ich nicht. Sie hatte es verspielt. Später kam ich dahinter, daß ich es bekommen hätte, wenn ich einen Zuhälter gehabt hätte. Er würde sie bedroht haben. Aber ich hatte keinen Schutz. Ich hatte keinen Zuhälter, der ihr einen Tritt in den Hintern geben konnte, oder was sie in solchen Fällen machen.

Also mein Geld bekam ich nicht, aber ich war nicht so sehr darauf angewiesen, weil ich noch etwas auf der Bank hatte. Sie verstehen, was ich sagen will. Ich hatte es eigentlich nicht nötig, in diesen Puff zu gehen, weil ich Geld auf der Bank hatte, aber es war etwas *anderes*, was ich hier tat, es war ein vollkommen neuer Schauplatz. Ich stand nicht mehr auf der Straße. Ich sammelte Erfahrungen. Ich romantisierte diesen Mist.

Großen Eindruck machten auf mich Djuna Mae und dieser Homosexuelle, Bernard. Jeden Morgen kam ich bei ihnen vorbei. Sie wohnten auf halbem Weg zwischen meinem Haus und meiner Kirche. Ich ging also zu ihnen, sie gaben mir Marihuana und erzählten mir, was sie für Geld verdienten und was sie so machten. Sie waren schnöd und chic, und sie imponierten mir sehr. Djuna Mae sprach von dem Bordell, als sei es das Großartigste, dort zu arbeiten. Da konnte ich Geld verdienen, und das wollte ich. Außerdem gab ich mir alle Mühe, ihr zu imponieren. Ihr zu zeigen, daß ich Mumm hatte. Ich hatte Respekt vor ihr, und ich hatte sie gern. Ich gab ihr ihr erstes Heroin. Sie war schon älter. Sie hatte noch nie in ihrem Leben Heroin genommen. Sie ging seit Jahren auf den Strich. Sie blieb dran hängen, am Heroin. Ich hatte es nie als Revanche gedacht. Ich hatte sie verführt, wie sie mich verführt hat.

Eine Menge Frauen gehen nur aus Trotz auf den Strich oder des Nervenkitzels wegen, oder um sich etwas zu beweisen. Ich meine, wie furchtbar naiv ich doch war. Vom Kloster ging ich direkt auf den Strich. Aber soweit liegt das nicht mal voneinander, denn das Böse hatte für mich eine Faszination. Und ich fand Djuna Mae phantastisch. Trotzdem, das Bordell war ekelhaft. Oh Gott, es war ein Greuel. Ich steckte es in Brand und landete dafür im Gefängnis. Ich hab es tatsächlich niedergebrannt. Es war eine Frage des Prinzips. Ich wollte mein Geld. Jedesmal wenn ich hinkam und mein Geld holen wollte, war sie nicht da. Und da sagte ich mir: ›Diese Hure ist da, und sie wird rauskommen!‹ Ich sah dem Feuer zu. Es war wunderbar. Überall züngelten die Flammen. Ich wollte nicht ihren Tod, ich wollte nur erleben, daß sie herauskam. Die wußten alle, daß ich es getan hatte. Arthur wußte es. Ich hatte einen Anwalt. Der Staatsanwalt war Katholik, und dies war ein ›Haus der Sünde‹. Ich mußte mit fünf bis zu zwanzig Jahren rechnen. Aber ich kam ziemlich glimpflich davon.

Von außen sah das Haus ganz ordentlich aus. Eine Freundin von mir behauptet, die Hälfte aller Apartments mit Klimaanlage in New York seien Bordelle. Ich hätte da einen Haufen Geld verdienen können. Acht-

hundert Dollar oder die Hälfte – wenn sie es mir gegeben hätte.
Wer auf den Strich geht, braucht einen Beschützer: einen Mann, der einen vor den andern Männern schützt. Alle Männer sind im Beschützergeschäft. Vor Frauen braucht man uns nicht zu schützen. Wenn uns nicht die Männer verprügelten, würde nur noch die Hälfte der Ehemänner gebraucht werden, die wir jetzt haben. Sie wissen, die meisten Huren werden von ihren Zuhältern nicht gefickt. Mit den meisten aus seinem Stall schläft er überhaupt nicht. Für gewöhnlich hat er dafür nur eine. Meistens hat er eine Favoritin; wenn er sie nicht in seinem Stall hat, dann irgendwo in der Stadt. Er hat jedenfalls immer irgendwo eine Frau, für die er Geld ausgibt. Aber in seinem Stall müßte es schon eine Lesbierin geben oder so was, wenn du sexuell versorgt werden willst.
Ein Zuhälter muß sich schonen, Kräfte sparen für seinen Cadillac. Sie betrügen uns, sie sind in Wahrheit Frauenhasser. Sie haben von den Frauen aus ihrem Stall eine sehr geringe Meinung. Wer hat wohl je vor seinen Sklaven Respekt gehabt? Außerdem glaube ich, daß sehr viele von ihnen Schwierigkeiten haben, überhaupt einen Ständer zu kriegen. Denn das ist für einen Zuhälter höchst wichtig: er vögelt *nicht*. Er ist nicht zum Vögeln da, sondern zum kassieren. Er vögelt seine Frauen nicht, sondern verdient durch sie sein Geld. Sie sind sozusagen seine Angestellten. Und was wäre wohl, wenn er wirklich seinen ganzen Stall befriedigen wollte?
Stell dir vor, da kommt eine zu ihm und will von ihm ein bißchen Zärtlichkeit, ein bißchen Liebe. Das dauert ein paar Stunden. Und das fünfmal in einer Nacht. Der arme Teufel wäre am nächsten Morgen wie gerädert.

Schließlich muß er ja seinen Cadillac fahren. Das ist eine schwere Arbeit. Und er muß vor seinen Kollegen angeben, und auch das kostet Kraft. In den Bars herumsitzen. Zuhälter sehen aus wie die meisten anderen Männer auch, und benehmen sich genauso. Wenn sie zusammen sind, dann sind sie genau wie alle anderen Männer. Wenn sie zusammen sind, sind Männer immer Männer. Sie lassen ihren Bizeps spielen, sprechen von ihren Eroberungen und ihren Nuttchen. Die Sprache mag von einem Ort zum andern wechseln, das Vokabular vielleicht kleine Unterschiede zeigen, aber wenn Männer zusammen sind, tun sie dasselbe im Small's wie im Playboy Club.

Zuhälter verdienen eine Menge Geld und geben eine Menge aus. Es sind enorme Summen. Tausend oder zweitausend Dollar an einem Tag zu verjuxen ist nichts für einen Zuhälter. Sie veranstalten Feste. Ihr Leben ist ein einziges Fest. Meistens bleiben sie dabei unter sich. Unter Männern. Ohne die Frauen, die das Geld anschaffen, ohne ihre Angestellten. Sie gehen zusammen Golf spielen. Sie amüsieren sich zusammen. Es gibt unter ihnen sehr hübsche und intelligente Jungen. Intelligent müssen sie sein. Ein Idiot wäre ein schlechter Zuhälter, er könnte das Geschäft nicht mit Erfolg betreiben. Er würde sich reinlegen lassen. Das stimmt, ein Mann, der ein tüchtiger Zuhälter ist, wäre auch ein guter Bankier. Es sind Geschäftsleute. Und die besten Zuhälter kommen aus dem Süden. Sehr interessant, auch die besten Schwindler, Hochstapler und Betrüger sind aus dem Süden. Meiner Meinung nach, weil ihnen niemand mißtraut, denn man hält sie für dumm. Aber sie beherrschen die Kunst der Verstellung. Sie legen selbst Schwarze rein mit ihrer Masche als einfache Jungens vom Lande. Aber die Beziehung Zuhälter-Prostituierte ist noch etwas anderes. Ich selbst habe nie einen Zuhälter gehabt. Aber nein, das darf ich nicht sagen. Ich hatte einen. Nur mache ich es mir nicht bewußt, weil ich mir den Mann selbst ausgesucht habe. Und es gab auch keine andere für ihn, außer mir, soviel ich weiß – kein Stall. Ich habe ihn mir gesucht, ohne ihn zu meinem Zuhälter zu machen. Dafür, glaube ich, machte ich ihn zu meinem Kind.

Es ist ein Spiel mit System. Wenn ein Zuhälter ein Mädchen in seinen Stall ziehen will, macht er es ein bißchen mit Romantik, gibt Geld für sie aus und so weiter. Und wenn er sie einmal hat, macht er ihr weiterhin allerlei Versprechungen. Es gibt ein Buch, das auf Interviews mit einem Zuhälter beruht, Iceberg Slim genannt, in dem dieses ganze Milieu sehr genau beschrieben wird. Die Prostituierten bewundern ihre Zuhälter. Sie können für sie einen Mord begehen. Aber es kann auch plötzlich in das Gegenteil umschlagen und die Prostituierte den Zuhälter umbringen. Das kommt manchmal vor. Ein Zuhälter muß immer Angst haben. Jeder, der von Sklaven umgeben ist, lebt in Angst. Angst vor dem, was ihm geschehen kann.

Zuhälter können gemein sein. Ich glaube, sie müssen es. Das Leben, das sie führen, ist nicht bequem. Und wenn sie sich zu diesem Leben entschlossen haben, was sollen sie sonst tun, als ihre Rolle zu spielen? Als Zuhälter? Jeden Tag müssen sie sich von neuem bewähren. Stimmt's? Und die andern schauen ihnen dabei zu. Und was tun sie denn? Was sind ihre Verbrechen? Wozu sind sie fähig, diese Burschen? Ich habe einmal gesehen, wie ein Mädchen in die Bar kam und ihrem Zuhälter eine Hundertdollarnote gab. Er nahm sie und verbrannte sie vor ihren Augen. Dann drehte er sich um, schleuderte sie zu Boden, versetzte ihr einen Fußtritt und sagte: ›Zweihundert Dollar habe ich gesagt. Zweihundert, nicht hundert.‹ Es blieb ihr nichts übrig als wieder an die Arbeit zu gehen und nicht noch einmal hundert Dollar, sondern zweihundert Dollar zu verdienen. Ich weiß von ein paar Zuhältern, die eine Hure mit einer Überdosis Heroin getötet und sich dann an der Toten vergangen haben. Es sind kranke Menschen. Meistens sind sie nicht ganz bei Sinnen – im Kokainrausch oder ich weiß nicht was. Sie leben in einer Welt für sich.

Natürlich hatte ich Gewissensbisse, als ich mich prostituierte, wenn man bedenkt, wie ich aufgewachsen war, mit Klostererziehung und all dem. Ich fühlte mich immer schuldig. Hatte immer das Gefühl einer Schuld. Aber als ich einmal angefangen hatte, war ich *drin*. Das erste Mal hatte alles entschieden. Da hatte ich das Gesicht verloren, und jetzt war alles egal. Jeder wußte Bescheid. Und als ich das Bordell in Brand gesteckt hatte, machte ich Schlagzeilen in Trenton. Ich hatte Angst und fühlte mich schuldig, aber ich fand das alles auch sehr aufregend. Beides gleichzeitig. Es war wahnsinnig aufregend. Ich wurde verhaftet, auch das war neu in meinem Leben. Es war wie im Film. Wir hatten das Feuer gelegt, ich und meine Freundin, und dann die Feuerwehr angerufen. Und dann diese Fahrt durch die ganze Stadt, mit der Polizei im Auto, auf dem Rücksitz. Ich war achtzehn Jahre. Keine Ahnung, was aus meiner Freundin geworden ist.

Sie war aus Perth Amboy. Manchmal fahre ich nach Asbury Park und treffe da Leute, die ich noch kenne aus meiner Zeit, als ich auf den Strich ging. Auch hier in New York treffe ich gelegentlich jemand, den ich aus dieser Zeit kenne. Manchmal sehe ich auch einen Schwulen, mit dem ich in Connecticut manches Ding gedreht habe. Seit einer ganzen Weile habe ich ihn nicht mehr gesehen. Würde gern wissen, was aus ihm geworden ist. Er war mir ein Freund. Ein paar wirkliche Freunde hatte ich. Aber es ist nicht viel Platz für Freundschaft in dieser Welt. Obwohl es auch ein paar Leute gibt, die in Ordnung sind, trotz allem. Auch für die Liebe ist nicht viel Platz in dieser Welt.

Die Menschen in dieser besonderen Welt können nicht viel Vertrauen zueinander haben. Deshalb brauchen sie die Droge so dringend, daß sie alles tun würden, um an sie zu kommen. Und dann gibt es so viele Spiele und so viele Rollen – die Rolle der Mammi, die des Pappi und die des kleinen Kindes. Man braucht sich gegenseitig so sehr, weil man sonst nichts und niemanden mehr hat.

Es wird schwer sein, dieses System zu ändern. Die Schwarzen haben sich jetzt auf einen Befreiungskampf eingelassen, zu dem der Kampf gegen das System der Ausbeutung der Hure durch den Zuhälter nur passen würde. Vielleicht sind die weißen Frauen nicht so ›legitimiert‹ wie die schwarzen, damit an die Männer der schwarzen Befreiungsbewegung heranzutreten. Aber das ist nun mal die Situation. Auf weiße Frauen hören sie eher. Die Schwarzen könnten sehr viel ausrichten, was die Prostitution betrifft, wenn sie zum Beispiel die weißen Männer daran hinderten, nach Uptown zu kommen und sich dort eine Hure zu nehmen. Sie könnten endlich aufhören, schwarze Frauen an den Straßenecken zu postieren. Diese Frauen, die sie selbst als Huren beschimpfen, die sie verabscheuen und die, wie sie sagen, ›keine Klasse‹ haben, und die, kurz gesagt, alles das verkörpern, was sie selbst nicht mögen – sie schicken sie nach wie vor auf den Strich. Und dieselben Schwarzen aus Uptown, die ihre Mädchen auf die Straße schicken, steigen dann selbst in ihren El Dorado und fahren in die Stadt, wo sie ihr Geld für irgendein kleines weißen Mädchen ausgeben, von achtzehn, neunzehn Jahren. Sie ist natürlich eine Dame, weil sie eine schicke Schule besucht hat und ihre Eltern Geld haben und Weiße sind. Das ist aber Rassismus. Man spielt *Whitey*, man ist *Charlie's* (von den Schwarzen als Spitzname für die Weißen gebracht) Neger, der Charlies Tochter fickt. Nicht weil er sie liebt, sondern weil er sich auf dem Umweg über die Frau an Charlie rächen will. Er erniedrigt alle Frauen, ob schwarz, ob weiß. Denn von Kindheit an hat er es so bei Charlie gesehen. Er kann sich nicht anders verhalten, denn Charlie ist sein Rollenvorbild. Er hat kein anderes. Der weiße Mann ist der *einzige* Mann. Und darum trachtet er nach einem Cadillac und nach einer weißen Frau. Dann hat er alles, was auch Charlie hat.

Gib einem schwarzen Mann eine schwarze Frau – sie wird ihn an seine Mutter erinnern. Von der loszukommen er sich so verzweifelt bemüht hat. Denn sie hat ihn fast immer ›unterdrückt‹, wie er es nennt, das heißt, sie hat ihn daran gehindert, wie ein weißer Mann zu werden. Es dreht sich alles nur um Macht und um Charlie. Charlie beherrscht alles, auch die weißen Frauen. Ihm gehört alles.«

L

»Die bloße Erinnerung an dieses Jahr, in dem ich ständig vor Gericht zu tun hatte, bringt mir meine Depression zurück, dieses Gefühl von Vergeblichkeit, von Machtlosigkeit, das ich täglich hatte. Im vorigen Jahr war ich am *Vera Institute of Justice*, wo ich versuchte, Menschen Rechtsbeistand zu leisten, die sich vor Gericht zu verantworten hatten. Meine Einstellung war nun die, daß ich, wenn ich schon Menschen vertreten sollte, die mit den Gesetzen in Konflikt gekommen waren, dann lieber für Frauen arbeitete. Gleich von Anfang an, als ich noch oben in Bronx wohnte, stellte ich fest, daß die Frauen vor Gericht sehr viel trauriger aussahen als die Männer, richtig verwüstet und verfallen. Irgendwie schienen die Männer durch ihre Verbrechen nicht so verändert zu werden. Das Verbrechen überhaupt enthält für einen Mann ein merkwürdiges Element von Befriedigung, ob es sich um Zuhälterei, Betrug oder Gewaltverbrechen handelt: es macht ihn zum Abenteurer. Für eine Frau ist das Verbrechen eine furchtbare Niederlage, eine Demütigung für ihr weibliches Selbstverständnis.

Verständlicherweise sah ich anfänglich in der Prostitution nicht nur die häufigste kriminelle Tätigkeit unter den vor Gericht angeklagten Frauen, sondern auch das schlimmste Leben überhaupt, das eine Frau führen kann. Jedenfalls war das damals mein Eindruck. Ich gehe nun heute nicht so weit, zu behaupten, es sei das anständigste Leben, das eine Frau führen kann, da das ein Werturteil meinerseits nach dem Begriff des ›Anständigen‹ bedeuten würde. Aber es ist sicherlich für eine Frau die nächstliegende Form, sich zu verkaufen, indem sie sich als Gebrauchsartikel anbietet und auch verwendet wird. Darauf läuft die Prostitution hinaus, und das ist das treffendste Gleichnis, das sich finden läßt, um unsere Lage zu illustrieren, die Lage der Frauen. Ich sehe in dem Begriff des Verbrechens den Inbegriff der Dinge, die der Gesellschaft am teuersten sind, und die sie gleichzeitig am meisten fürchtet. Der Umstand, daß Sex unmittelbar mit Geld nur im Rahmen der Prostitution in Verbindung gebracht wird, zeigt die Unaufrichtigkeit der Gesellschaft sich selbst gegenüber.

Damals versuchte ich mir vorzustellen, wie das Leben einer Prostituierten sei, was es bedeute, deshalb im Gefängnis zu sitzen, und was es bedeute, als Prostituierte zu leben. Ich fing an, allerlei darüber zu lesen. Meistens war es von Männern geschrieben, – abgesehen von Sara Harris, die der Meinung ist, daß Frauen Sex und Liebe trennen können, daß die Prostitution einfach ein Geschäft ist; außerdem behauptet sie, daß die Quote der Homosexuellen bei Prostituierten nicht höher als anderswo sei und daß es sich hier um eine Lebensform handele wie jede andere, die Frauen offensteht. Und ganz im Innern, in einer sehr weiblichen Schicht meines Ichs, sagte ich mir: ›Nein, das ist nicht wahr. Es ist für sie genauso entwürdigend wie für mich, mit jemand zu schlafen, aus dem ich mir nichts mache, und am Morgen neben ihm aufzuwachen.‹ Doch dann machte ich mir klar, daß der Unterschied in meiner Erwartung von dem lag, was wohl am Morgen passieren würde, wenn ich erwachte. Meine Erwartungen waren durchaus andere als die einer Frau, die sich verkauft, die sich prostituiert hatte. Ich begriff, daß sie den Mann reinlegte und nicht selbst von ihren Gefühlen betrogen und ausgebeutet wurde. In ihrem Fall konnte die Erwartung von Vertrautheit, die eigentlich die Voraussetzung des Liebesakts ist, nie erfüllt werden. Und da lag der Unterschied: sie konnte nicht enttäuscht werden, ich konnte es. So fand ich, als ich begann, über die Prostitution zu schreiben, daß zwischen ihrer und meiner Situation eine gewaltige Kluft lag.

Die Monate, die ich in den Gerichtssälen arbeitete, brachten mich auf eine Idee. Ich wollte ein Rehabilitationszentrum für zu Gefängnisstrafen verurteilte Frauen schaffen, das von ihnen selbst verwaltet werden sollte nach dem Vorbild der entsprechenden Einrichtungen für Rauschgiftsüchtige. Ich brachte schließlich das *Vera Institute* dazu, daß man mir erlaubte, einen Plan mit allen Einzelheiten auszuarbeiten. Aber auch hier wartete auf mich eine Enttäuschung, die allerdings in der Natur der Sache lag: erstens die Finanzierung des Zentrums, zweitens das System der bedingten Strafaussetzung, das die Frauen praktisch zu Gefangenen des Programms gemacht hätte. Was mir von alldem geblieben ist, ist die ziemlich feste Überzeugung, daß man auf diese Weise mit den Frauen sicher nicht in Verbindung treten kann. Vielleicht ist es sogar überhaupt nicht möglich. Ich sehe diese Frauen täglich im Gerichtssaal und empfinde sie als meine Schwestern. Und doch, wie nahezu unüberwindlich sind diese Schranken, wie groß die innere Abwehr bei ihnen! Und wie fest verankert ist in unserem weiblichen Selbstverständnis die Identifizierung von Sexualität und Person, so daß ich, wenn ich diese Frauen sehe, noch immer nicht weiß, wie ich es anfangen soll, mit ihnen zu sprechen. Ich weiß, nicht nur meine vorgefaßten Ideen über die Prostitution, sondern auch meine Analyse und meine Beurteilung des Phänomens stammen aus einem Bereich, auf den ich selbst keinen Einfluß habe, den ich mir nicht einmal bewußt machen kann.

Die tatsächliche Lage in der Stadt ist heute so, daß die Prostitution von jedermann akzeptiert wird – von der Polizei, von den Richtern, den Beamten und den Anwälten. Verhaftung und Strafverfolgung sind lediglich Formsachen, die abgewickelt werden müssen, um die Fassade der öffentlichen Moral aufrechtzuerhalten. Die dabei angewandten Methoden sind nur eine Form der Schikane, nicht etwa der Vorbeugung oder der Abschaffung oder Bestrafung. Man trifft heute nirgendwo mehr die Anschauung, die Prostitution sei ein Verbrechen, vielmehr findet sich jedermann damit ab, daß hier mit zweierlei Maß gemessen wird, das heißt: der Mann entschuldigt, die Frau beschuldigt. Man kann sogar feststellen, daß die Prostituierten, ›the girls‹, auf manche eine merkwürdige Faszination ausüben, und man begegnet ihnen oft mit Freundlichkeit, mit einer Art freundschaftlicher Vertraulichkeit.
Was mir im Gerichtssaal am peinlichsten war, das war nicht nur mein Gefühl der Distanz, des Abstands zwischen mir und den angeklagten Frauen, sondern gerade die Familiarität, die zwischen dem Gerichtspersonal, den Richtern, den Frauen und überhaupt jedermann im Saal herrschte. Man nimmt es einfach als Tatsache hin, daß jede Frau, die hier erscheint, wieder und wieder hierherkommen und immer daselbe Verfahren über sich ergehen lassen wird, vielleicht auch einmal die Nacht in

der Zelle verbringen muß; aber sie kennt alle Beamten hier, wie diese sie kennen und sie als das nehmen, was sie ist; sie ficken sie, und die Prostituierte bezahlt und kann wieder gehen. So klar und einfach stellt sich die Beziehung dar. Ich selbst spiele in diesem Programm nicht die gerinste Rolle. Es liegt für jeden auf der Hand, daß die Prostitution legalisiert werden müßte, und die Frauen wissen genau, daß die Prostituierten für die angeblichen Verbrechen der andern büßen; aber Schuld und Schande sind ein Bestandteil ihres Lebens genauso wie ihre Isoliertheit. Das alles wird deutlich, wenn man mit ihnen spricht. Die Distanz, die mich im Gerichtssaal von diesen Frauen trennt, und andererseits die Familiarität in ihren Beziehungen zu den Männern – Justizbeamten, Richtern, Polizei – sind für mich so schmerzlich, daß ich nicht weiß, wie ich das ertragen soll.

Ich sitze in dem für die Angeklagten reservierten Teil des Gerichtssaals und denke an die Zahl der Frauen, die gegen den einen oder anderen Vorteil mit einem Mann ins Bett gehen. Da betritt eine Prostituierte den Saal, mit Perücke und großem Make-up, verführerisch gekleidet (zumindest ist es so gemeint), von offenem, herzlichem, freundlichem Wesen. Sie flirtet mit allen – mit allen Männern. Ich bin wie gelähmt. Sie ist meine Schwester, und doch bin ich ihr so fern.

Sobald man erfährt, daß ich zu den Frauen gehöre, die mit den Prostituierten arbeiten wollen, begegnen mir sämtliche männlichen Mitglieder des Gerichtshofs, vom Justizpersonal bis zu den Männern von der ›Rechtshilfe‹, mit spöttischer Skepsis. Aber auch die Frauen, von der Rechtshilfe bis zu den Sekretärinnen, reagieren so. Alle versichern mir, daß ich scheitern werde; jeder sucht mich eines besseren zu belehren: ›Sie werden keinen Kontakt zu ihnen finden. Warum sollten sie etwas aufgeben, was ihnen so viel Geld einbringt? Wie könnten Sie je mit ihnen darüber sprechen?‹ Und monatelang antwortete mein Idealismus und schwesterliches Gefühl: ›Nein, das ist nicht wahr. Es gibt zwischen uns eine Solidarität, die alle Hindernisse überwinden kann.‹ Aber wenn man jeden Tag im Gerichtssaal sitzt oder die Frauen im Gefängnis interviewt und dabei wie gelähmt ist von einem Gefühl der Ohnmacht und Hoffnungslosigkeit, weil man doch weiß, daß die Schale, die sich die Frauen haben wachsen lassen um ihr Leben als Frau, ihre Beziehungen zu den Männern, den Zuhältern (die mitgekommen sind, um die Kaution für sie zu stellen), das Gefühl der Solidarität nicht durchläßt, das ich für sie empfinde oder das die Frauenbewegung ihnen entgegenbringt.

Ich bin zu der Ansicht gelangt, daß unsere ganze Justiz immer die Sache des Mannes unterstützt und seine Macht festigt. Im Gerichtssaal habe ich gesehen, was mit den Frauen geschieht, die wegen Prostitution festgenommen wurden. Einige Richter lehnen es ab, die Sache überhaupt zu verfolgen. Da beschuldigt der District Attorney die Frau, sich wegen der Prostitution herumgetrieben zu haben, und der Richter sagt nur: ›Reden wir nicht darüber, der Fall ist ohne Interesse.‹ Andere Richter dagegen verurteilen Prostituierte zu einer Haft von fünfzehn bis zu neunzig Tagen Dauer. Der Grundsatz, nach dem hier verfahren wird, lautet: Eine Frau, die für Geld mit Männern schläft und ihren Körper verkauft, weil er die beste, ja einzige Ware ist, die sie besitzt, begeht ein Verbrechen, bei dem es kein Opfer gibt; trotzdem wird sie dafür bestraft. Meiner

Ansicht nach macht nichts so deutlich wie die Prostitution, daß alle Frauen potentiell soziale oder politische Gefangene sind. Die Prostitution ist in unserem Strafgesetzbuch das einzige Verbrechen, das im gegenseitigen Einvernehmen von zwei Menschen begangen wird, von denen sich aber nur der eine Partner, der weibliche, strafbar macht. Der Name des Mannes wird dabei nicht einmal aufgeschrieben. Es ist nicht sein Verbrechen, sondern das der Frau (die kürzlich für New York erlassene Vorschrift, nach der sich auch der männliche Kunde bei einem Akt weiblicher Prostitution schuldig macht, findet praktisch keine Anwendung und braucht deshalb hier nicht berücksichtigt zu werden).

Wer auch nur bis zu einem gewissen Grad an die Grundsätze der Frauenbewegung glaubt, ist wahrscheinlich auch davon überzeugt, daß Prostituierte die am stärksten ausgebeuteten Frauen sind. Es hat viel schöne Reden darüber gegeben, daß von uns allen die Prostituierten am meisten unterdrückt werden, so daß sie gewissermaßen einen Modellfall für die Bewegung abgeben, denn sie werden am schlimmsten ausgenutzt, und ihre Arbeit bringt unser aller Lage am unmittelbarsten und unverblümtesten zum Ausdruck, weil die Prostitution das ökonomische Verhältnis zwischen den beiden Geschlechtern in den Vordergrund rückt, und so weiter. Das alles ist, abstrakt genommen, auch für mich überzeugend. Aber ich weiß auch, daß das alles seinen Sinn für mich verliert, wenn ich jeden Tag in die Zellen im Keller des Gerichtsgebäudes hinabsteige, wo die Frauen festgehalten werden. Denn was ich dort zu sehen bekomme, sind Menschen, aus denen die Gesellschaft Wracks gemacht hat. Ich könnte vor ihnen stundenlang über die Befreiung der Frau reden, aber sie sind sich selbst so fremd geworden, daß sie mich nicht verstehen. Sie hören mich nicht. Und wenn man glauben möchte, daß in ihnen ein Gefühl des Zorns lebt, bereit zu erwachen, so kann man diese Meinung nicht aufrechterhalten, wenn man sieht, wie passiv sie sind, wie weit entfernt davon, sich ihrer Lage bewußt zu werden.

Seitdem ich bei den Gerichtsverhandlungen anwesend bin, habe ich viele Frauen gesehen, die Jahr um Jahr immer wieder verhaftet werden und wegen nichts anderem als Prostitution – fünfunddreißig bis vierzig Verhaftungen in einem Jahr. Immer rein und raus. Und ich kenne einen Anwalt, der alle Fälle übernimmt, die Geld einbringen. Ein alter, grauhaariger, schmieriger Mann in einem Anzug mit Nadelstreifen; er verdient all sein Geld mit den Frauen. Aber ihn wollen alle haben. Ich weiß nicht, ob er sein Büro im Gericht hat und da einfach auf seine Klientinnen wartet, oder ob er sie in den Zellen aufsucht, oder ob ihn einfach alle kennen, oder woran es sonst liegt – aber er bekommt alle Fälle von Prostitution, wo man einen Anwalt nimmt, die Fälle, die nicht an die ›Rechtshilfe‹ gehen, und die, wo eine Frau möglichst rasch wieder herauskommen will.
Tatsächlich kommt es nur selten zu einer Anklage wegen Prostitution. Man beschränkt sich darauf, die Frauen wegen Herumtreiberei anzuklagen, und in den meisten Fällen bekennen sie sich schuldig bei der Vernehmung und zahlen ihre Buße, die zwischen fünfzehn und hundert Dollar liegt. Ich habe so gut wie keine gesehen – bis auf eine oder zwei –, die ins Gefängnis mußten, weil sie nicht imstande waren, auf der Stelle ihre Strafe zu zahlen. Und in dreiviertel aller Fälle wird das Verfahren einfach eingestellt.

Dabei wird die Prostitution selbst, die früher nur als Übertretung galt, heute in New York als Vergehen geahndet, für das ein höheres Strafhöchstmaß vorgesehen ist. Diese Änderung ist auf die Empfehlung des Städtischen Auschusses für die Prostitution zustandegekommen. Es ist interessant, daß die einzige Frau in diesem Ausschuß in irgendeiner Eigenschaft mit dem Gefängnis verbunden war. Die Begründung, die der Ausschuß für die Erhöhung des Strafhöchstmaßes gab, war die, daß dadurch mehr Zeit für die Rehabilitation im Gefängnis gegeben werde, da ja das frühere Strafmaß von fünfzehn Tagen als Zeitraum entschieden zu kurz war, um irgendeine Änderung zu bewirken. Ursprünglich – noch vor zwei, drei Jahren – gab es ein besonderes Gericht, das sogenannte Frauengericht. Heute aber werden die Prostituierten am selben Ort wie alle anderen Gesetzesübertreter vor Gericht gestellt.

In der Praxis hat die höhere Einstufung der Prostitution als Vergehen paradoxerweise zu einer milderen Handhabung geführt. Die Sache spielt sich folgendermaßen ab: Der District Attorney, der – auf Grund der von der Polizei gemachten Feststellungen – die Machtbefugnis hat, eine bestimmte Anklage gegen die Frau zu erheben, ist zu klug, um es zu übertreiben. Zum Beispiel, wenn er einer Frau Prostitution vorwirft, die Beweise aber nur für Herumtreiberei ausreichen; denn dann schlägt der Richter Krach und weist die Klage ab. So hat sich die Praxis eingebürgert, sich lieber an die Herumtreiberei zu halten und auf die Beschuldigung der Prostitution zu verzichten. Und in fast allen Fällen von Herumtreiberei, die ich beobachtet habe, hat der District Attorney keine Klage erhoben. Das bedeutet, daß eine Frau festgenommen, ins Gerichtsgebäude gebracht und gleich wieder entlassen werden kann. Im allgemeinen aber wird sie nachts festgenommen, bis zum nächsten Tag eingesperrt und dann vor Gericht gestellt. Aber auch wenn ihr die Geldstrafe erspart bleibt, weil keine Klage erhoben wird, ist sie doch immer das Opfer einer Schikane geworden. Und wenn sie obendrein zu einer Geldstrafe verurteilt wird, dann hat sie ihren Beitrag geleistet zur Unterstützung des Systems, von dem sie unterdrückt wird. Das bedeutet aber auch: es gibt keinen systematischen Versuch, das neue Prostitutionsgesetz anzuwenden, mit dem man einen längeren Zeitraum für den Rehabilitationsversuch gewinnen wollte. In Wirklichkeit bedeutet es nur eine ständige Einschüchterung der Prostituierten. Man macht ihr Scherereien – und vergißt nicht, sie zu schröpfen.

Von den Frauen, die tatsächlich zu Gefängnis verurteilt wurden, war, soweit ich beobachten konnte, bei keiner oder fast keiner Prostitution der Grund, sondern andere Verbrechen. Sie mögen sich auch prostituiert haben, aber nicht deswegen wurden sie festgenommen. Und jede Frau, die ich beim Zahlen ihrer Kaution beobachtete, erschien in Begleitung eines Mannes, und das läßt auf ein noch immer sehr aktives Gewerbe der Zuhälterei schließen. Doch das, was man seit kurzem tut, ist sehr viel ärger als die Verurteilung von Prostituierten zu Gefängnisstrafen. Man sperrt sie ein, gleichsam in einer Art Sicherungsverwahrung, nur mit einer anderen Begründung als der der Prostitution. Wegen kleiner Diebstähle oder Rauschgiftvergehen. Das sind zwei Delikte, die eine Prostituierte mit großer Wahrscheinlichkeit in ihrer Vergangenheit bereits aktenkundig begangen hat, oder von denen man mit einer ›gewissen Berechtigung‹ annehmen kann, daß sie sie in Zukunft begehen wird. Denn sie sind für diese Frauen sehr oft eine Ergänzung oder ein Palliativ der Prostitution. So geschieht es, daß die Prostitution an sich zwar kaum noch verfolgt wird, die Prostituierten selbst aber ins Gefängnis geworfen werden, da sie den verlogenen, nicht zu rechtfertigenden – oft auch willkürlichen – Methoden der Sicherungsverwahrung ausgesetzt sind.

Im Gerichtssaal konzentrieren die Frauen ihre ganze Aufmerksamkeit auf die Männer, die sie aburteilen oder freilassen können, auf die Schar der männlichen Beamten, denen sie auf Gnade und Ungnade ausgeliefert sind – auf den *Mann*, der über ihr Schicksal entscheidet. Nur im Gefängnis, in den Zellen, die sich im Keller des Gebäudes befinden, begegnen sich die Frauen als Frauen, und dort zeigt sich, wie Frauen miteinander in Kontakt kommen. Eine seltsame Heiterkeit herrscht in den Zellen; die Frauen sprechen miteinander, teilen sich einander mit. Die gelöste Stimmung, die hier unten herrscht, steht in krassem Gegensatz zu ihrem Verhalten oben im Gerichtssaal, wo sie keine Notiz voneinander nehmen. Sie haben keine Geheimnisse voreinander, sie müssen sich, wie es scheint, gut kennen. Es ist eine Szene voller Übermut, voller Kichern und Gelächter, verrückt. Genauso ist es, wenn sie draußen sind oder gerade ihre Strafe gezahlt haben, hier fertig sind und heimgehen. Viele von ihnen sind gruppenweise festgenommen worden, und wenn sie entlassen werden, ist schwer zu sagen, wie sie mit den Männern zusammengehören, die da herumstehen – ich meine, ob sie alle aus einem Stall sind oder verschiedenen Paare von Zuhältern und Huren. Das sind die beiden Gelegenheiten, bei denen ich die Prostituierten so sehe, freimütig und froh – wenn

sie ihre Geldstrafe zahlen oder während der Wartezeit in den Zellen. Dann sieht man etwas wie Zusammengehörigkeit, sie lachen über die ganze Geschichte, und sie gehen zusammen auf und ab. In ihrer Art, sich einander mitzuteilen, ist etwas, was ich unter Frauen schon lange nicht mehr gesehen habe, nicht mehr seit meiner Kindheit. Es ist eine wilde und törichte Art von Kameradschaft. Aber ich traue ihr nicht sehr. Hinter unserem Getue mit der ›besten Freundin‹, hinter all unseren Herzensergüssen und Jungmädchenfreundschaften stand auch kein echtes Erlebnis. Das hier hat für mich die gleiche Qualität, die gleiche nervöse Oberflächlichkeit, die gleiche illusorische Solidarität, alles, wonach man sich sehnt, was aber unerreichbar ist, und das man darum nachahmt – und parodiert. Ich kann an die Echtheit dieser Vertrautheit nicht glauben, weil ich weiß, daß viele der Frauen, die da miteinander sprechen, als seien sie die besten Kameraden, sich überhaupt nicht kennen. Außer daß sie sich vielleicht schon in den Zellen gesehen haben oder zusammen im Frauengefängnis waren oder sich des öfteren im Gerichtssaal gesehen haben. Aber in ihrem Leben ist dies wahrscheinlich eine der wenigen Gelegenheiten, sich an der Gesellschaft anderer Frauen zu erfreuen; die übrige Zeit trennen ihre Zuhälter und ihre Kunden sie voneinander.
Nur in den Zellen gelingt es mir, die Aufmerksamkeit der Frauen zu wecken, mit denen ich arbeiten möchte, und von ihnen eine Reaktion zu erhalten. Im Gerichtssaal richten sie ihre ganze Aufmerksamkeit auf Männer. Da haben sie kein Interesse an mir, weil ich eine Frau bin und deshalb – der Name sagt es – machtlos. Nicht, daß sie mich verachteten oder mir feindlich gesinnt wären, sie sind nur überzeugt, daß ich ihnen auf

Grund meines Geschlechts nicht helfen kann, und daß sie sich an die halten müssen, die Macht über sie haben. Es kommt hinzu, daß sie sich unter einer›anständigen‹ Frau, das heißt, einer Nicht-Prostituierten, eine Frau vorstellen, die auf sie geringschätzig herabsieht, die moralistisch und eifersüchtig ist, voller Mißbilligung gegen sie und jedenfalls respektabel. Das gibt ihnen nicht gerade Mut, mit mir zu sprechen. Doch in den Zellen wird es möglich, Kontakt mit ihnen zu bekommen, sie zu befragen und den Versuch zu machen, ihnen zu helfen.

Ich benutze nie das Schlagwort von der ›Befreiung der Frauen‹. Ich habe es am Anfang ein paarmal versucht, und die Antwort war ein gleichgültiges Kopfnicken gewesen. Darum habe ich das aufgegeben. Was ich jetzt tue – ich sage ihnen einfach, warum ich mit ihnen spreche. Und manchmal kommt es vor, daß sie am Ende selbst *Women's Lib* erwähnen. Aber ich fange nicht damit an, ihnen etwa zu erklären: ›Ich bin bei der Frauenbewegung, bei *Women's Lib*, und möchte mit Ihnen Verbindung aufnehmen, weil Sie meine Schwester sind.‹ Nein, ich versuche, mit ihnen so freimütig, direkt und offen zu sprechen, wie ich nur kann, ohne den ganzen juristischen Kram mit ihnen durchzukauen. Ich fange damit an, mit ihnen über ihr Leben zu sprechen, frage sie, was sie bisher getan haben, ob sie verheiratet sind, ob sie Kinder haben und wo die sind, wie lange sie schon im Gefängnis sind, und warum sie bei früheren Gelegenheiten festgenommen wurden. Nur sehr selten geschieht es, ja es ist mir nur zweimal passiert, daß eine Frau von sich aus, ohne daß ich sie gefragt hätte, mit mir zu sprechen anfing und mir ihre Meinung über alles sagte. Im allgemeinen werden sie zugänglich, nachdem ich eine Weile mit ihnen gesprochen habe. Aber wenn ich andrerseits an die Tausende von Frauen denke, die durch diese Zellen gehen, dann waren es nicht sehr viele, mit denen ich ins Gespräch gekommen bin. Was ich mehr als andere getan habe, ist, daß ich aufmerksam beobachtet habe, wie sie hier behandelt werden. Aber das Gefühl der Fremdheit ist so groß und die Bedingungen sind insgesamt so unmöglich, daß man befangen bleibt – man hat keine wirkliche Gelegenheit, in ein Gespräch zu kommen. Man kann nicht wirklich mit jemandem sprechen, wenn man selbst vor dem Gitter sitzt und der andere dahinter. Auch wenn man irgendwie ihr Vertrauen gewinnt, kann man doch nicht unbefangen über all diese Dinge reden, wenn diese Frauen tatsächlich mißbraucht werden und man selbst nicht. Das schafft sofort eine Ungleichheit, die schwer zu überbrücken ist. Die einzigen Frauen, mit denen ich sprach, die Prostituierte waren und tatsächlich interessiert an der Bewegung *Women's Lib*, waren die aus dem Phoenix House, dem Rehabilitationszentrum für Rauschgiftsüchtige. In allen anderen Fällen sprechen wir nur von Dingen, die Frauen angehen, die Frauen durchzumachen haben, und wir kommen uns dabei menschlich sehr nahe, fühlen uns in unserer Solidarität stark – nicht in Begriffen und im Jargon der Bewegung formuliert – sondern ganz spontan als gemeinsames Erlebnis. Es kommt zu einer Kommunion der Gefühle, bei der in diesem Stadium die politisierende Diskussion nur stören könnte.

Die Zahl der Verhaftungen wegen Prostitution variiert beträchtlich von Tag zu Tag. Einmal sind es fünfunddreißig Verhaftungen wegen Prostitution und keine wegen Rauschgiftvergehens; am nächsten Tag gibt es nur zehn Verhaftungen wegen Prostitution und fünfzehn wegen Rauschgiftvergehen. Man gewinnt tatsächlich den Eindruck, daß die Polizei ganze Arbeit macht, wenn sie einmal auf die Straße geht, wahrscheinlich weil jemand angerufen hat: ›Die West Forty-Fourth Street stinkt mir. Gehn Sie mal rüber und sorgen Sie für Ordnung.‹ Die Leute von der Polizei haben die Kollegen von der Sitte, das heißt, die Einheit in Zivil, die Verhaftungen wegen Prostitution vornimmt, zartfühlenderweise die Votzenbrigade getauft. Genauso sehen diese ihre Aufgabe: die Nutten hochnehmen, sie einsperren und wieder laufenlassen. Natürlich spielt auch Bestechung eine große Rolle, da ist viel Geben und Nehmen zwischen den Frauen und den Polypen. Sie kennen sich schon so lange, und man weiß, daß sie sich gegenseitig manchen Dienst erweisen. Es besteht nicht einmal der Anschein einer Feindschaft zwischen ihnen. Vielleicht ist sogar eher das Gegenteil der Fall: völlige Passivität auf seiten der Frauen der Polizei gegenüber, aber auch im hohen Grade das, was die Soziologen Anpassungsverhalten nennen. Es ist erstaunlich, was sich da im Gerichtssaal abspielt: Die Frauen flirten während der ganzen Verhandlung. Sie fangen damit an, wenn sie hereinkommen, und sie tun es noch, wenn sie mit Polizei und Justizbeamten zusammen den Saal wieder verlassen. Es hört nicht eine Minute auf. Es hat etwas Unheimliches, diesen Austausch zu beobachten, und es würde lange dauern, die Erklärung dafür zu finden, aber schließlich, wissen Sie, die Sicherheit und das Interesse der Frauen verlangen, daß sie diese Beziehung aufrechterhalten.

Da war neulich eine Frau, sie kam am Dienstag herein,

und wie die meisten Frauen, die zu uns kommen, trug sie eine Perücke (eine unbedeutende Einzelheit, aber ich finde sie bedeutsam, sie scheint mir grundlegend für dieses Gefühl von Unwirklichkeit, von Selbst-Distanzierung, von Flucht vor der Realität zu sein, das bei diesen Frauen herrrscht). Die Frau war wirklich schön, sie hatte ein wahrhaft schönes Gesicht, eine Schwarze, mit einer gewaltigen blonden Perücke, sie trug das Oberteil eines Bikinis, mit hohem Busen und viel nackter Haut um den Nabel, und einen Mini-Rock. Soviel ich erkennen konnte (und ich beobachtete sie genau während der fünfundzwanzig Minuten, die sie da war und in denen sie praktisch mit jedem schwätzte), war sie dem Polizisten, der sie verhaftet hatte, unerhört zugetan. Sie flirtete mit ihm und versuchte sogar, sich mit ihm zu unterhalten, nicht in der üblichen, oberflächlichen Weise, wie ich es sonst jeden Tag höre, etwa so: ›He, Tina, fein, dich mal wieder zu sehen. Was ist es denn diesmal? Klar, Baby, ich seh dich in diesen Tagen.‹ Nein, dies schien etwas anderes zu sein. Sie interessierte sich wirklich für ihn: sie sah traurig aus, als sie gehen mußte. Sie drehte sich immer nach ihm um – es gab mir einen Stich.

Ich bin jetzt dahintergekommen, daß die Behandlung der Prostitution durch die Justiz eine Farce ist. Das Gericht ist eine Maschine, die im Durchschnitt am Tage dreißig Fälle erledigt, in denen Frauen der Herumtreiberei und der Prostitution beschuldigt werden, und sie spuckt diese Menschen wieder wie Papierknäuel aus. Die Frauen, die ich bei meinen statistischen Arbeiten im Büro des Urkundsbeamten, Abteilung Klageschriften, kennenlernte, waren sehr verschieden von den Frauen unten in den Zellen, und wenn nur aus dem einen

Grund, daß sie genug Geld hatten, um gegen Stellung einer Kaution freizukommen. Das sind nicht die Fälle, die zur Aburteilung kommen, wie die Rauschgiftsüchtigen oder die Fälle von einfachem Diebstahl. Die Frauen unten, im Keller, waren meist völlig ausgeflippt, ihre Passivität stand wie eine Mauer zwischen uns, zwischen ihnen und der Welt. Aber die andern, die, nachdem sie ihre Kaution gestellt haben, vor Gericht erscheinen, elegant gekleidet und voller Eifer, sich von allen Anklagen zu reinigen, diese andern sehen gepflegt und gesund aus; gewöhnlich erscheinen sie in Begleitung dieses salbungsvollen Anwalts, der in Wahrheit ein Schwein ist. Das, was im Gerichtssaal vor sich geht, ist gerade nur der mechanische Teil der Angelegenheit, der Racket-Teil, das Rein-und-Raus-Spiel. Es tut nicht weiter weh. Es ist wie ein Besuch beim Doktor. Es geht genau so schnell und ist ebenso reine Routinesache.

Die wahren Gründe für die Änderung des Gesetzes und die Einstufung der Prostitution als Vergehen haben bestimmt nichts mit der seinerzeit angegebenen Begründung zu tun, daß eine längere Zeit für die Rehabilitation nötig sei; sie gehen vielmehr auf die verschiedenen Pressionen von Geschäftsleuten der Stadt zurück, die die Hotels ›sauber‹ haben wollen. Und da liegt auch das Haupthindernis für die Legalisierung der Prostitution.

Da niemand die Sache ernst nimmt, ist die ganze Behandlung der Prostitution durch die Justiz schierer Unfug, der auf nichts anderem beruht als auf der törichten Vorstellung, das Theater müsse immer so weitergehen, das selbe Stück immer wieder gegeben werden, nicht, weil es irgendeine Bedeutung hätte, oder weil es irgend etwas verändern könnte oder weil vielleicht irgendwer die Prostitution wirklich für ein Übel hielte – sondern nur weil unter allen Umständen der Schein gewahrt werden soll. Es ist klar, daß die Prostituierten im Gerichtssaal immer wieder die aufregendste Programmnummer sind, daß ihr Auftritt jeden Tag wieder der Clou der ganzen Veranstaltung ist. Was mit ihnen geschieht, interessiert niemanden. Sie stellen keine Bedrohung dar, aber das Gesetz will es, daß sie immer wieder festgenommen werden. Sie haben Beziehungen zu den Männern von der Polizei, und auch die Richter kennen sie; dieses ganze System nutzt sie sexuell und wirtschaftlich aus. Sie legen sich hin, und sie zahlen ihre Strafe. Der öffentlichen Moral ist Genüge getan, weil Prostituierte verhaftet werden. Das ist die Gerechtigkeit, die die Männer den Frauen zuteil werden lassen.«

Erica Fischer

Jenseits der Träume

Frauen um Vierzig

Die Frau um Vierzig – Mode- und Kosmetikindustrie, Frauenjournale, populäre Ratgeber preisen die erfolgreiche, unabhängige lebenserfahrene Frau. Alle Türen stehen ihr offen – sofern sie nur will.
Für die meisten Frauen aber ist der Neubeginn die bittere Notwendigkeit, wieder von vorn anzufangen. Was ist von ihren Träumen geblieben? Eine gescheiterte Ehe, die Leere, nachdem die Kinder erwachsen geworden sind. Kehren sie in den Beruf zurück oder suchen sie einen neuen Partner, so haben sie mit eingefahrenen Verhaltensweisen und mangelndem Selbstbewußtsein zu kämpfen – Folgen der jahrelangen Unterordnung.
Erica Fischer hat mit vielen Frauen gesprochen; es entstanden »Momentaufnahmen von verschiedenartigen Lebenssituationen und Lösungsversuchen«.

Kiepenheuer & Witsch

982/3